鱼鹰军事经典译丛

二战巅峰对决

德国步兵 VS 美国步兵

【美】斯蒂文·J.扎洛加（Steven J. Zaloga） 编著
高 旭 译
王行健 审校

机械工业出版社
CHINA MACHINE PRESS

《二战巅峰对决：德国步兵VS美国步兵》选取了1944年6—12月间，发生在欧洲战场上的三场小规模战役，对参加战斗的美国陆军部队和德国陆军部队分别进行了深入剖析。本书首先介绍了战役背景及参战部队的组建和编制情况，然后简要解读了美德两国陆军步兵的作战定位、征兵与训练体系、战斗意志培养与后勤供应体系、领导和通信体系，以及武器装备和战术指挥体系，接着聚焦于发生在蒙特布尔、沙恩霍斯特防线和克林凯尔特森林的战斗，详尽叙述了战事进程和双方步兵的对战情况，最后对战役结果和双方步兵的战斗力对比情况进行了深入剖析。

本书凭借权威客观的史料、缜密犀利的评论以及精美绝伦的原创彩绘插画，展现出极佳的可读性、观赏性和资料性，是广大军事爱好者不可错过的经典军事科普读物。

US Infantryman versus German Infantryman : European Theater of Operations 1944/ by Steven J. Zaloga/ ISBN: 978-1-4728-0137-1

©Osprey Publishing, 2016

All rights reserved.

This edition published by China Machine Press by arrangement with Osprey Publishing, an imprint of Bloomsbury Publishing PLC.

This title is published in China by China Machine Press with license from Osprey Publishing. This edition is authorized for sale in China only, excluding Hong Kong SAR, Macao SAR and Taiwan. Unauthorized export of this edition is a violation of the Copyright Act. Violation of this Law is subject to Civil and Criminal Penalties.

本书由Osprey Publishing授权机械工业出版社在中华人民共和国境内（不包括香港、澳门特别行政区及台湾地区）出版与发行。未经许可的出口，视为违反著作权法，将受法律制裁。

北京市版权局著作权合同登记　图字：01-2016-6504号。

图书在版编目（CIP）数据

二战巅峰对决.德国步兵VS美国步兵/（美）斯蒂文·J.扎洛加（Steven J. Zaloga）编著；高旭译.—北京：机械工业出版社，2019.6（2022.1重印）
（鱼鹰军事经典译丛）
书名原文：US Infantryman vs German Infantryman
ISBN 978-7-111-62933-7

Ⅰ.①二… Ⅱ.①斯…②高… Ⅲ.①第二次世界大战–史料②步兵–介绍–德国③步兵–介绍–美国　Ⅳ.①K152②E516.51③E712.51

中国版本图书馆CIP数据核字(2020)第232162号

机械工业出版社（北京市百万庄大街22号　邮政编码100037）
策划编辑：孟　阳　　　　责任编辑：孟　阳
责任校对：李　杉　潘　蕊　封面设计：马精明
责任印制：张　博
北京利丰雅高长城印刷有限公司印刷
2022年1月第1版第2次印刷
169mm×239mm·5.75印张·2插页·111千字
3 001—5 000册
标准书号：ISBN 978-7-111-62933-7
定价：58.00元

电话服务　　　　　　　网络服务
客服电话：010-88361066　机　工　官　网：www.cmpbook.com
　　　　　010-88379833　机　工　官　博：weibo.com/cmp1952
　　　　　010-68326294　金　书　网：www.golden-book.com
封底无防伪标均为盗版　　机工教育服务网：www.cmpedu.com

出版者的话

致读者朋友们：

与许多读者朋友一样，我也是一个不折不扣的军迷，"三大知识"——《兵器知识》《舰船知识》《航空知识》是我的启蒙读物，陪伴我走过充满绚烂梦想的学生时代，每月按时把"最新的她们"带回家，是我生活中最重要的仪式。这是一种难以割舍的情怀。

每当我看到军迷们在论坛中讨论一本最新的军事杂志，每当我看到军迷们坐在书架下津津有味地翻读军事图书，总有一股暖流涌上心头。因为我知道，身为热爱军事的出版工作者，我所做的一切，都是有意义的。

在我看来，在匆忙繁复的生活中，一本有灵魂的图书或杂志，也许是再好不过的驿站，她让你在手指的微动中慢下来、静下来，沉浸在作者精心勾勒的抑或真实、抑或奇幻的世界里，尽情享受时间凝固的恬静，享受获取新知的快乐。

鱼鹰出版社（Osprey Publishing）成立于1968年，是英国历史最悠久的专业军事科普出版社之一，坐落于学术圣地牛津。纵观鱼鹰社50年间出版的各系列图书，所涉题材的时间范畴从古典时代一直延伸至当下的信息时代，横跨整个人类战争史，内容范畴更是囊括了从温泉关战役到海湾战争的各时期经典战争/战役、从古希腊短剑到M4卡宾枪的各时期经典武器装备、从古希腊重装步兵到海军陆战队突袭队员的各时期传奇战士。整体具有鲜明的创作风格，视角独具特色、知识深入浅出、史料权威翔实、评论客观犀利，尤以丰富多彩的

二战巅峰对决：德国步兵 VS 美国步兵

表现人物和战争场面的名家手绘见长，近年又引入精美考究的电脑彩绘，更具收藏价值。

一本好书是没有国界之分的，语言也从来不是我们获取新知的障碍。因此，我很荣幸能与鱼鹰社的优秀编辑们合作，将一部分精心遴选的鱼鹰经典产品引进到国内出版。这些产品大多出自"Duel"系列，"Duel"一词直译为"斗争、决斗"。该系列以各时期的经典战役为背景，着墨于经典武器间的实力对比与对抗，以及这些武器的驾驭者——不同兵种官兵的成长历程，通过翔实的技术细节、权威的一手历史资料以及精美的彩绘插图，引领读者"踏上"战场，沉浸在真实的战斗体验中。在这一系列中，你将看到虎王坦克、大和级战列舰、F-15"鹰"战斗机等经典武器，当然，也包括成就这些经典武器的舞台——波美拉尼亚战役、冲绳战役、海湾战争等经典战事。除"Duel"系列外，我们还将陆续引进刻画各时期传奇战士的"Elite"系列和"Combat"系列，在这些系列中，跃然纸上的维京战士、海军陆战队突袭队员，必能令你大呼过瘾。

身为军迷，看到如此丰盛的军事饕餮，我已经迫不及待地想要把她们捧在手上细细品读了。

为不负"经典"二字，我们邀请了国内相关领域的众多专业译者，在尊重原著的基础上，考虑国内读者朋友的习惯，改进、丰富了表达方式。同时加入大量中外文注释，力求让读者朋友"知其所以然"。总之，我们希望为读者朋友呈现出原汁原味又最接地气的"鱼鹰精品"。

尽管与这些耳熟能详的武器和战事相关的著作已经不胜枚举，但我相信，它们也许还有我们不了解的动人一面，或值得我们挖掘的传奇故事。历史背后，是我们永远无法触及的真相，然而它的魅力也恰恰蕴藏于此。作为后来者，我们能通过图书提供的种种线索，不断接近真相，也是一种莫大的乐趣。

最后，亲爱的读者朋友，我希望这套精心编写、翻译的丛书，能让你抑或与军事科普结缘，抑或与军事科普相伴更久，同时，也能在你心中播撒下阅读的种子，感受到阅读的快乐。

出版者提示

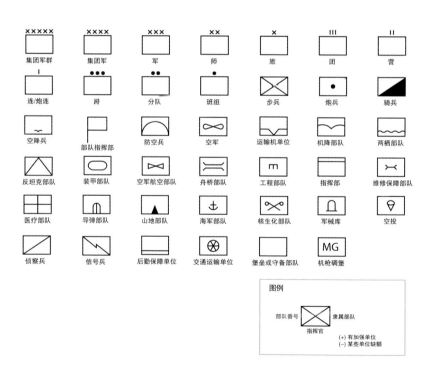

本书英文版在提到部队番号时使用了传统格式。美军方面，A/117th 代表第 117 步兵团的 A 连，隶属于该团 1 营；2/117th 代表第 117 步兵团 2 营。德军方面，2./GR 919 代表第 919 掷弹兵团 2 连，隶属于该团 1 营；II./GR 919 代表第 919 掷弹兵团 2 营。为简洁起见，

本书简体中文版直接以中文 + 编号形式，例如第 117 步兵团 2 营，来表示部队番号，未加注英文。

本书给出的度量衡结合了国际单位制和美军惯用的英制单位，请根据上下文理解。下面给出书中涉及的国际单位制与英制单位间的换算关系：

1mile=1.61km
1yd = 91.44cm
1ft = 30.48cm
1in = 2.54cm
1m = 1.09yd
1m = 3.28ft
1cm = 0.39in
1mm = 0.04in
1lb = 0.45kg
1oz = 28.35g
1kg = 2.20lb
1g = 0.04oz

目　录

出版者的话

出版者提示

引言 … 1

参战双方 … 5
背景与作战定位・征兵与训练・战斗意志与后勤供应・领导阶层与通信能力・武器装备与战术指挥

蒙特布尔的战斗 … 32
1944 年 6 月 7—10 日

沙恩霍斯特防线的战斗 … 41
1944 年 10 月 2—3 日

克林凯尔特森林的战斗 … 57
1944 年 12 月 16 日

分析 … 71
德军的经验教训・美军的经验教训

尾声 … 75

双方作战序列 … 78

参考文献 … 81

引　言

1945年11月20日，乔治·S.巴顿中将（George S.Patton）与40位高级指挥官一同开会讨论了美军步兵师在欧洲战场（European Theater of Operation，ETO）上的表现，他特别强调：

占全师兵力65.9%的步兵使用轻武器、迫击炮和手榴弹攻击敌人，给敌人造成了37%的伤亡率。而为了这37%的伤亡率，美军步兵付出了全师伤亡率92%的惨重代价。炮兵虽仅占美军步兵师总员

▼ 1944年夏，在诺曼底树篱地带行动的一个德军步兵排

二战巅峰对决：德国步兵 VS 美国步兵

额的 15%，却以 2% 的伤亡率给敌人造成了 42% 的伤亡率。

巴顿将军的评价说明，在现代战争中，随着交战双方火力水平的提高，步兵所面临的挑战必将愈发严峻。第一次世界大战的阴影到第二次世界大战时仍未消散，在机械化时代，武器技术的进步宣告了传统战术的衰落，机枪和速射野战火炮将暴露在旷野中的军队一扫而光，依靠马匹机动的骑兵再也不能在战场上承担机动作战任务。然而，在第二次世界大战中，步兵所面临的伤亡风险其实并不亚于第一次世界大战。在可怕的消耗战中，作为地面作战力量主要组成部分的普通步兵就像被屠杀一样，损失空前惨烈。肇始于 1917—1918 年间的技术和战术创新，又似乎预示着所谓的堑壕战时代只会是昙花一现。第二次世界大战之初，装甲师取代了骑兵部队，成为军事行动中的突击力量，这再一次改变了战争形态。此时的步兵师正通过采用新编制、制定新战术，以及换装新装备来适应不断变化的战争模式。集群冲锋的时代已经终结，步兵需要分散开来，隐蔽行动，以小股部队进行渗透作战——表面上看，战场上似乎空空如也，没有一兵一卒。

1944 年的欧洲战场上，步兵战斗的惨烈程度鲜有人关注。近乎无谓屠杀式的堑壕战，已经成为大众记忆中第一次世界大战步兵战斗的缩影。实际上，第二次世界大战中步兵战斗的惨烈程度丝毫不亚于前者。在第二次世界大战中，受作战方式变化的影响，单次战斗不再会导致如堑壕战般的庞大步兵伤亡数量，这里的所谓"巨大伤亡"往往是在持续数天甚至数周的连续作战中产生的。在 1944 年夏天的法国战场上，美军的步兵团平均每过 3 个月伤亡率就会达到 100%。当

▶ 第二次世界大战末期，美军步兵班的常见火力配置：两名士兵手持 M1 加兰德步枪，最右侧的士兵手持 BAR 自动步枪（Browning Automatic Rifle，勃朗宁自动步枪），班长手持 0.45in 口径 M3 冲锋枪，它并非步兵制式装备。这支 M3 冲锋枪的两个弹匣用胶带缠在一起。M3 冲锋枪原本是坦克和其他作战车辆乘员的辅助武器，但在一些步兵单位中也很受欢迎，步兵们有时会用它替代并不受欢迎的 M1 加兰德步枪

1944年6月—1945年5月的欧洲战场

地图索引

① **1944年6月**：盟军发起诺曼底（Normandy）登陆战。

② **1944年6月7—10日**：德军第919掷弹兵团（Grenadier-Regiment 919）与美军第8步兵团（8th Infantry Regiment）在蒙特布尔（Montebourg）爆发激战。

③ **1944年6—7月**：诺曼底战役持续进行。

④ **1944年7—8月**：美军发起"眼镜蛇"行动（Operation Cobra），实现突破。

⑤ **1944年8—9月**：盟军挺进法国南部，即"龙骑兵"行动（Operation Dragoon）。

⑥ **1944年8—9月**：盟军推进至塞纳河沿岸（Seine）。

⑦ **1944年9月**：德军G集团军群（Heeresgruppe G）撤退。

⑧ **1944年10—11月**：美军与德军在齐格菲防线（Siegfried Line，也称West Wall，西墙）爆发激战。

⑨ **1944年10月2—3日**：沙恩霍斯特防线（Scharnhorst Line）战斗期间，美军第117步兵团第1营（I/117th Infantry Regiment）与德军第330掷弹兵团第2营（II/Grenadier-Regiment 330）爆发激战。

⑩ **1944年10—12月**：盟军肃清斯凯尔特河沿岸（Scheldt River）的德军残部。

⑪ **1944年11月**：盟军翻越孚日山脉（Vosges Mountains）。

⑫ **1944年12月—1945年1月**：德军对阿登地区发起进攻，即"守望莱茵"行动（Unternehmen Wacht am Rhein）。

⑬ **1944年12月16日**：美军第393步兵团（393rd Infantry Regiment）与德军第989掷弹兵团（Grenadier-Regiment 989）在比利时克林凯尔特森林（Krinkelterwald）爆发激战。

⑭ **1945年2—3月**：盟军抵近莱茵河（Rhine）。

⑮ **1945年3—4月**：盟军从莱茵河多处桥头堡阵地发动进攻。

⑯ **1945年4月**：盟军肃清德国天险"阿尔卑斯山要塞"（Alpenfestung）的德军残部。

⑰ **1945年4—5月**：盟军推进至易北河沿岸（Elbe River）。

然，德军的伤亡率通常也会居高不下。在这场战争中，对指挥官而言，维持部队的士气和作战人力，的确是一项严峻的挑战。

学术界一直都存在这样一个误区，即认为在1944—1945年的欧洲战场上，大多数战斗中的美军步兵部队都缺乏作战经验，而他们的对手——德军步兵部队则通常久经战火考验。然而事实并非如此，1944年，德军部署在法国的步兵师主要都是一些没有参加过战斗的新编成部队，这些部队中可能有少量具备实战经验的军官和士兵，他们都是部队的骨干力量。但在1944年西线战役爆发前，这些有经验的官兵都未曾并肩作战过。美军部署在法国北部的部队和德军相比也是半斤八两，那些在北非、西西里和意大利锤炼过的部队此时正集结在法国南部，参加规模最大的"龙骑兵"行动。

在对比第二次世界大战中参战各方的步兵力量时，非常有必要从微观和宏观两个层面同时考量。就微观而言，二战各国步兵班一级基层部队的编成方式大同小异，武器装备上也只有些不大明显的区别。然而，就宏观层面而言，例如师一级这样的大规模作战单位，各方的差异却要明显得多。本书的内容就是通过微观和宏观层面的研究，让读者更好地了解1944年欧洲战场上的美、德两军普通步兵之间的差异。

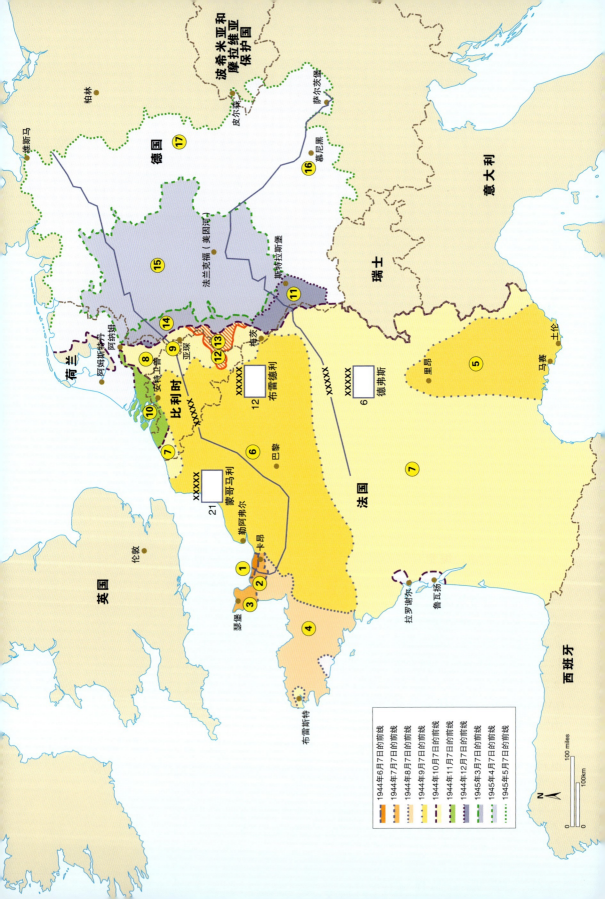

参战双方

背景与作战定位

德国

第二次世界大战初期，德军的步兵师大多脱胎于1918年的突击师（Assault Divisions）。这类步兵师规模很大，核心力量是3个步兵团和1个炮兵团，编制有约17200人、5375匹马和945辆机动车。德军的步兵师是按波次（Wellen）分批组建的，每一个波次的步兵师编制通常都会与其他波次存在一些不同。1941—1943年，德军在东线战场上蒙受了惨重损失，这促使其组建了一系列作用各异的专用部队来填补常规步兵师的缺额，从而尽可能少地占用愈发稀少的后备兵力。在东线战场上，这类作战部队的典型代表是执行占领任务的保安师（security divisions），而在西线战场上则是执行"大西洋防线"（Atlantikwall）岸防任务的守备师（static divisions）。此外，纳粹德国错综复杂的政治体制还催生了隶属于纳粹党的特殊地面部队——武装党卫军（Waffen-SS）以及空军地面师（Luftwaffe divisions），尽管他们也参与了西线作战，但并不在本书的讨论范围内。

1943年10月，德军步兵师迎来了第一次规模较大的改编。新编成的步兵师最初称为"新式师"（Division neuer Art），1944年5月更名为"1944年式战时师"（Infanterie-Division Kriegstat 44）。在这次

改革中，步兵师下辖的步兵营总数由9个缩减到6个。具体的编制调整方式则分为两种：一种是在步兵团总数不变的前提下，每个步兵团下辖的步兵营总数由3个减为2个；另一种是全师的步兵团总数由3个减为2个。相比传统的"三三制"编制，无论哪一种新编制都显得比较"笨拙"。在1个团配置2个步兵营的情况下，指挥官不得不将2个营悉数布置到防线上，而不能像以前一样留出1个营的兵力作为反击力量。在1944年夏天的诺曼底登陆战中，新编制体制已经在德军中全面推行开来，只有守备师仍在大体上维持1943年前的编制，但其骡马和车辆配置数量大幅减少。守备师主要执行大西洋沿岸的战备任务，一般都不会满员。除标准的武器配备外，守备师还能支配自己驻防的堡垒工事中的武器。

1944年初，德国国防军中有264个师部署到战区中，另有109个师处于组建过程中或正在执行占领任务。1944年6月6日盟军登陆诺曼底时，德军在东线部署有约165个步兵师，另有15个来自其他轴心国的步兵师。与此同时，德军在西线部署有约90个步兵师，其中将近50个师部署在法国和其他低地国家。这50个师中包括25个守备师、16个标准步兵师和空军地面师，以及7个预备队师。

1944年7月，由于陆军预备军（Ersatzheer）在反对希特勒的政变中扮演了主要角色，党卫队全国领袖海因里希·希姆莱在政变失败后接管了预备军，并由此拉开了德军第三次编制体制改革的序幕。改编而来的国民掷弹兵师（Volksgrenadier-Division）旨在用尽量少的人员和武器投送尽量多的火力。碍于运输能力不足，国民掷弹兵师并不适合执行进攻任务，因此德军打算将他们部署到战线侧翼遂行防守任务。与1944年式战时师类似的是，国民掷弹兵师也存在三团两营和两团三营两种编制形式。德军起初设想以大量富于战斗经验的年轻精英军官为基础，来构建国民掷弹兵师的团营级指挥层。这样的年轻军官至少要拥有金质德意志勋章，若是一、二级铁十字勋章或骑士铁十字勋章得主更佳，然而这一要求在实际操作中很难实现。

为更好展现德军不同编制步兵部队的战斗力，本书精心挑选了1944年西线战场上有不同编制德军步兵师参与的三场战斗。1944年西线德国陆军的战斗以防御战为主，为丰富内容，这三场战斗中还包括1944年德国陆军在阿登地区发动的反击作战。

美国

美军步兵师与德军步兵师的发展背景不尽相同。在第一次世界大战这场"结束所有战争的战争"中，一些美军高级指挥官指出，

◀ 对页图：1944年秋，德军步兵排长们在战场上讨论作战计划，左侧是一名军士长，右侧是一名少尉。注意，军士长装备了一支StG 44突击步枪

二战巅峰对决：德国步兵 VS 美国步兵

1917—1918年间向欧洲派遣远征军的做法是错误的，步兵应该为在像墨西哥边境战争及菲律宾战争一样的低烈度冲突中执行传统任务做好准备。这种作战方式的要求与在欧洲战场或太平洋战场上的高烈度战争完全不同。就在步兵部队饱受质疑之时，野战炮兵这一新兵种横空出世，并成为陆军得以保持高强度作战能力的中坚力量。

这场争论随着战争阴云渐渐笼罩在欧洲大陆和太平洋上空结束了。1939年1月，美国陆军开始采用一种新的三团制步兵师编制，这是对德军编制的模仿，以取代之前的四团制编制。尽管美军的1939年式步兵师师承德军，但很快就在一些关键方面与德军产生了分化。首先，美军步兵师是没有马匹的，完全实现了摩托化。这导致美军师员额较少：与17000人的德军师相比，美军步兵师只有15245人。因为相比载货汽车，马匹显然需要更多人来照管，而饲料也远比汽油占地方。此外，美军师的整体规模也相对更小，因为美军需要轻型化和模块化的地面部队，以部署到世界上任何地区，不论欧洲还是太平洋。不同战场所需的不同支援单位由军级部队统一调遣，等需要时再配属到各师。因此，美军步兵师的纸面兵力要比德军步兵师少很多，但作战时，当坦克营、反坦克营和专业支援单位配属到步兵师后，美军步兵师的规模又会明显大于德军步兵师。

▼ 每个美军步兵连都编有一个包含两个机枪班的重武器排，他们装备的机枪是带三脚架的0.30in口径重机枪。这是一幅1944年8月28日摄于法国的照片，所示为装在M2三脚架上的M1919A4气冷重机枪。重武器排中的机枪手通常携带一支M1加兰德步枪，但照片中的机枪手却背着一支0.45in口径M3冲锋枪

参战双方

◀ 1944年8月12日，正在法国博菲塞地区佩尔里耶尔（Perriers-en-Beauficel）作战的，隶属第28师的美军60mm口径M2迫击炮班

美军步兵师的组织结构要比德军步兵师显得更整齐划一。诸如轻型师或摩托化步兵师这样的早期试验单位在1944年之前就都撤编了。本书涉及的所有美军步兵师都按同一套组织装备表（TO&E）组建，还有少数像空降师和第10山地师这样的专业师，但这类部队不在本书的讨论范围内。架构相同并不意味着美军各步兵师间没有区别，他们的区别往往在部队的驻地和招募新兵方面，而非建制方面。战前的美国陆军包括联邦一级的常备军，以及州一级的国民警卫队，而国民警卫队在战争爆发后会转为联邦常备军。1941年12月战争爆发后，军方计划建立比既有常备军和国民警卫队规模更庞大的陆军师，这些师通常由动员兵和预备役军官组成。本书将基于三场战役，对上述三类步兵师进行介绍。第二次世界大战期间，美国陆军共新建了68个步兵师，其中21个部署于太平洋战场，其他47个部署于地中海战场和欧洲战场。

征兵与训练

德国

德国陆军通过以地区为基础的军区（Wehrkreise）来开展征兵工作。除征兵工作外，军区还负责为预备军组建新步兵师，以及对既有部队进行补充。战争伊始，每一个步兵团在其军区驻地都有一个对应的预备队营。德国男青年一般都会从16岁开始在帝国劳工组织（Reicharbeitdienst，RAD）中进行义务劳动。他们会在那里接受初步军事训练，

二战巅峰对决：德国步兵 VS 美国步兵

▶ 对页图：1944—1945 年间，德军步兵的制式步枪是 Kar.98k。右侧士兵弹夹包下挂着两枚 M39 卵形手榴弹

等到 18 岁就可以进入军队服役。战争之初的基础训练为期 16 个星期，到 1942 年缩减到 12 个星期，而到战争后期进一步缩减到 8 个星期，1944 年末期最终缩减到 6 个星期。技术岗位需要接受额外的专业训练。

除德国公民外，德国陆军也接纳德意志裔人（Volksdeutsche，也可称外籍德意志人，以下简称德裔人），即居住在罗马尼亚、匈牙利和南斯拉夫等国的德裔侨民。1943—1944 年间，碍于愈发严峻的人力资源危机，所谓的德裔人的范畴，进一步拓宽至德意志第三帝国征服地区内的所有适龄应征青年，诸如阿尔萨斯 - 洛林和波兰西部地区。大多数应征入伍的德裔士兵并不会讲德语，这带来了严重的问题。不懂德语的德裔士兵常会被集中编入低优先级的步兵师中。在"大西洋防线"的守备师中，这类士兵的比例非常高，在很多部队中能达到 40% 之多。1943 年，德国国内的人力资源短缺问题已经相当严重，因此德军在西线实施了一个用所谓"东方营"（Ost-Bataillonen）替换德军常备军的计划。年轻的俄罗斯人、乌克兰人、格鲁吉亚人以及一些其他国家的年轻人，不得不选择"志愿"在德军中服役，这样至少不会在可怕的德国战俘营中饿死——那里已经有数以百万计的苏联战俘死于非命。驻扎法国的德军指挥官对这类部队的战斗力深表怀疑，这显然并不值得惊讶。与德裔士兵一样，东方营也多被编入"大西洋防线"上的守备师中，而不是编入常规步兵师。

1944 年夏天，德国陆军的伤亡率高得惊人，这促使他们采取了更多的应急措施。令人哭笑不得的是，人数最为充沛的补充兵源恰恰是德国的空军和海军。1944 年 5 月，盟军针对德国炼油厂发起的轰炸行动造成德国国内燃油短缺，导致除战斗机部队外的航空部队大多难以遂行任务。与此同时，除潜艇部队外，海军的大部分舰艇也只能待在港口里。1944 年夏秋之交，德军将上述"部队闲置"问题产生的冗员，大量补充到了步兵部队中。这也是在夏季遭受严重打击——即所谓的"西墙奇迹"之后，德国陆军得以快速恢复实力的重要原因。不过，这些仓促调来的补充兵员也带来了新的问题——他们仍然保留着原来的军衔。空军士官和军官未经战术训练就成了步兵指挥官。空军少将威廉·费比希（Wilhelm Viebig），在阿登高地战斗中担任第 277 国民掷弹兵师的指挥官。他后来评价道："训练一个年轻公民要比训练一个在海港里的军舰上蹉跎四年的海军军士容易得多，而且更快，因为后者根本不能理解为什么在战争的最后一年自己会作为一名步兵战死沙场。"

根据战斗力，德军步兵师分为四个作战等级（Kampfwert）：等级 1 表示适合执行攻击性任务；等级 2 表示适合执行有限范围内的攻击性任务；等级 3 表示适合执行防御性任务；等级 4 表示适合执行

二战巅峰对决：德国步兵 VS 美国步兵

有限范围内的防御性任务。D 日时，驻防诺曼底的一些德军常规步兵师被评估为等级 1，但守备师没有一个能超过等级 3。在 1944 年夏天的大溃退后，大多数德军步兵师都被评估为等级 3 及以下水平。

1944 年，德军步兵师的补充方式与美军有本质区别。德国国防军（德国武装力量）通常会让部队一直作战，直到他们彻底丧失战斗力。这些部队根本接收不到足以维持其额定实力的补充兵员。随着伤亡情况愈发严重，步兵部队会被编成规模相对更小的战斗群（Kampfgruppen），而战斗群的规模也会越打越小。某些情况下，德军师会接收来自本军区的步兵营，但这种情况非常罕见，因为他们往往会与其他部队的残部整编。如果某个德军师幸运地没有在战场上被全歼，它就会撤回军区，要么解散，要么重建。本书基于三场战役介绍的三个德军步兵师的情况，足以反映 1944 年时德军在维持和训练步兵部队方面所经历的"磨难"。

第 709 守备步兵师（709.Infanterie-Division）于 1941 年 4 月组建，兵员平均年龄较大，隶属德军第九军区，最初在布列塔尼（Brittany）执行卫戍任务，后于 1942 年 12 月移防科唐坦半岛（Cotentin Peninsula），直到 D 日时仍在此驻防。该师会定期挑出最有战斗力的兵员，送到东线执行作战任务。这导致其最终只剩下一些超龄兵员，以及带病服役或受过伤的老兵。1944 年时，第 709 守备步兵师的兵员平均年龄已经高达 36 岁。直到 1943 年秋天，该师一直没能达到满员状态。1943 年 6 月更是仅有 6630 人，而且建制上只有两个团。与诺曼底的其他守备师一样，第 709 守备步兵师也编有大量外籍德裔兵员。自 1943 年下半年开始，为阻挡盟军可能实施的登陆行动，该师经历了一系列改编，其中最重要的就是收编了原属第 242 步兵师的第 919 掷弹兵团，进而成为一个正常的三团制步兵师。1943 年 10 月，该师下属第 739 掷弹兵团第 1 营被调往东线。1944 年初，由来自格鲁吉亚苏维埃共和国的苏联红军战俘组成的第 729 格鲁吉亚营填补了该营留下的缺额。随后，第 649 东方营转隶该师下属第 729 掷弹兵团，该营主要由乌克兰兵员组成，这一部署无疑加强了第 729 掷弹兵团的战斗力。1944 年春天，第 795 格鲁吉亚营和第 549 东方营又被编入第 729 掷弹兵团。实际上，这些东方步兵营在德军中并不受信任，正如德军师指挥官评价的那样：不能指望这些"前任"苏联士兵能在法国为德国抗击美国军队。截至 1944 年 5 月 1 日，包括东方步兵营在内，第 709 守备步兵师的员额达到了 12320 人。然而，规模"空前"的第 709 守备步兵师此时并没有战斗经验，由于承担了过重的防御任务，它下辖了 12 个步兵营，而非传统编制下的 9 个。

参战双方

◀ 这两幅照片恰到好处地展现了德军在利用苏联"志愿兵"上遇到的问题。上图1944年5月摄于诺曼底,这是一名来自第709守备步兵师第795格鲁吉亚营的中尉,他曾经是一名在苏军总参谋部任职的军官,当时在第795格鲁吉亚营中负责指挥一个机枪连。下图中,这名"倒戈"的中尉又向美军第4师投降,并将附近的德军阵地位置和盘托出

COMBAT 德国陆军第919掷弹兵团，二等兵

随着战事越拖越久，德国陆军的制服变得越来越廉价，装饰也越来越少。标准的作战服通常都是原野灰色的，但色调各异，从近乎纯灰到灰绿色，再到翠绿，不一而足

1944年7月7—10日,蒙特布尔

武器、制服与装备

这位德国陆军二等兵的制式武器是一支Kar.98k步枪(1),它的生产过程贯穿第二次世界大战始终。德军钢盔(2)在战争期间出现了多种变型,1944年夏季在诺曼底作战的很多部队都利用手头的资源为钢盔蒙上了伪装网,用于将伪装用的植物固定在钢盔上。6月初的夜晚气温还比较低,很多士兵都将多功能迷彩帐篷布(Zeltbahn)(3)当作雨披穿在身上,用于防雨和保暖。

士兵们经常会将M84/98刺刀(4)挂在腰带上以便快速取用。很多时候,他们还会在工兵铲(5)的固定带上别一枚M24长柄手榴弹,以便随手抽出并投掷。金属质防毒面具罐(6)早在第一次世界大战末期就开始广泛配发,饭盒(7)里装有必要的餐具,它与顶部扣着金属口杯的水壶(8)配套使用。1944年时的德军军靴(9)已经简化成了易生产的短靴,另有一对帆布绑腿。固定在腰带上的皮质弹夹包(10)的上盖会有一条扣带延伸下来,用于闭紧上盖,弹夹包下面还可挂一枚M39卵形手榴弹(11)。

二战巅峰对决：德国步兵 VS 美国步兵

第183国民掷弹兵师并不是由第183步兵师直接改编而来的。第183步兵师是第13军区于1940年1月在补充兵和训练营的基础上组建的，于1941年在巴尔干半岛（Balkans）首次投入战场，并在1941—1944年间的东线战场上经历了大量战斗，其中包括1941年进攻莫斯科，1942—1943年在勒热夫（Rzhev）周围的战斗，以及1943年秋天在基辅和北乌克兰的战斗。1943年11月，缺兵少将的第183步兵师与另两个步兵师的残部被一道编入临时组建的C军级集群（Korps-Abteilung C，隶属南方集团军群的一支临时部队，规模大致相当于师）中。1944年7月24日，包括指挥部、后勤部队和支援部队在内，该集群有约半数部队设法从布罗迪（Brody）突围。27日，德军高层下令将C军级集群重新整编为新建第183步兵师，但由于局势混乱，这一命令并未落实到位。1944年8月5日，在上西里西亚的奥博葛洛戈（Oberglogau in Upper Silesia），第183步兵师番号被正式撤销。C军级集群最终于1944年9月15日撤退至奥地利，以此为基础，新编第183国民掷弹兵师在杜勒斯海姆训练场重建。该师刚刚开始重建，就与仅组建三周且尚未满员的第564国民掷弹兵师合并。这支新编师级作战部队主要由此前因各种原因推迟服役的奥地利人组成，其他大多是来自阿尔萨斯和波兰西部的德裔人。这支部队几乎没有接受训练，便于9月18—19日开拔，前往"大西洋防线"。截至1944年10月1日，该师共编有7791人，差额近3050人。

▶ 1944年夏季，德军步兵已经广泛装备"铁拳"反坦克火箭筒（Panzerfaust）。虽然"铁拳"的设计目的是反坦克，但步兵经常将它当作多用途支援武器使用。与较大的88mm口径"战车噩梦"火箭筒不同，"铁拳"是一次性的，用完即可抛弃

参战双方

第277国民掷弹兵师是在第277步兵师的基础上组建的。第277步兵师组建于1943年12月,在诺曼底被盟军几乎全歼,从法莱斯(Falaise)包围战中突围出来的残部大约有2500人,后被送往匈牙利重建。此时,该师仅有120名军官,不及定额的三分之一,且作战部队仅有约1000人的规模。自1944年9月中旬开始,第277步兵师按国民掷弹兵师的规格重建。按计划,该师在同年10月10日前应具备作战能力。但由于后备兵力短缺,直到10月才有补充兵员陆续赶到。为实现原计划,该师不得不与新编第574国民掷弹兵师合并。第277国民掷弹兵师的补充兵员大多是年轻的奥地利应征士兵,与德国士兵不同,他们没有接受过任何基础军事训练。雪上加霜的是,此时武器装备短缺的问题也愈发严重。基本完成重建后,第277国民掷弹兵师从匈牙利的训练基地出发,返回西线,接管了"大西洋防线"上埃菲尔地区(Eifel)的防务,这一地区就在阿登高地对面。此后,来自撤编的空军和海军部队的补充兵员陆续抵达。德军原打算在这些部队部署完毕后再行训练,但碍于战事紧迫一直未能如愿。到阿登反击战爆发时,第277国民掷弹兵师的实际战斗力仅能达到满额状态的75%~80%。

▼ 国民掷弹兵师的反坦克连装备了72具"战车噩梦"火箭筒(Panzerschrecke),不像1944年式步兵师那样装备3门75mm口径PaK 40型反坦克炮和36具"战车噩梦"。左侧士兵拿着两具"铁拳"火箭筒,右侧士兵正准备拿起"战车噩梦"。

美国

美国的常备军由全国招募而来。战前,国民警卫队的募兵工作以州或几个州为单位开展,兵员流向相对固定。随着1941年陆军联邦化,这一制度取消,此后的募兵工作由联邦政府负责,征来的兵员可能被分配到任何部队中。然而,直到1944年,美军仍然施行种族隔离制度。非裔美国人只能在某些特定的战斗部队中服役,例如坦克部队、反坦克部队和炮兵部队。除在意大利作战的第92师外,步兵部队仍然不接纳非裔美国人。新兵首先被分配到某个兵种中,然后会被送到某个训练基地。通常来说,在1944年,大多数美国步兵接受的训练都明显比他们的德国对手更多,因为他们在部署到战区前已经在美国本土训练了一年甚至更长时间。美军的训练一般包括连级、营级、团级以及师级的不同规模演习——要知道到1944年时,演习训练

二战巅峰对决：德国步兵 VS 美国步兵

在德军中已经非常罕见。尽管士兵大都训练有素，但美国陆军严重缺乏有作战经历的军官。而这样的军官在作战部队中的价值是不言而喻的，他们随时能将宝贵的实战经验传授给新兵们。美国陆军的人员补充政策与德军也截然不同。来自预备兵员补充站的补充兵们源源不断地被送到前线作战单位中，藉此维持各作战单位的满编或至少接近满编状态。在形势最危急的时候，补充兵甚至还没来得及熟悉环境就被塞进了战壕里。一些步兵师很快就意识到这样的补充兵员是很难发挥作用的，他们恐怕要不了多久就会非死即伤。因此这些步兵师开始采取措施，让补充兵们更好地融入集体中。

本书所述战役中涉及的三个美军步兵师，在1944年欧洲战场上那些组建、部署方式不尽相同的美军部队中颇具代表性。读者会注意到，这三个美军步兵师拥有足够的时间进行训练，他们频繁地进行大规模联合作战演习，在投入战斗时都处于齐装满员状态。第一批来到欧洲战场的美军步兵师通常都在诺曼底登陆期间投入作战。到1944年秋季，美军各师常常会花上几周时间开展一些难度递进的训练，以帮助新兵获得一些基础作战常识。

第4步兵师于1940年6月1日在美国陆军历史最悠久的三个步兵团的基础上组建，驻地为本宁堡（Fort Benning）。组建之初，该师就改编为摩托化步兵师。1941年8—11月，第4步兵师参加了路易斯安纳州和南、北卡罗莱纳州的军级军事演习，1942年秋季再次参加了南、北卡罗莱纳州的演习。1943年4月，由于摩托化步兵师的概念被摒弃，第4步兵师又整编为一个常规步兵师。在参加完1943年9月的演习后，该师于1943年底移防新泽西州，后于1944年1月被调往欧洲战场。1944年6月6日，在犹他海滩进行登陆突击作战时，第4步兵师的力量得到了加强。

▶ 在诺曼底树篱密布的地形中，60mm口径M2迫击炮作为步兵连的"微型火炮"为步兵们提供火力支援，这幅照片摄于法国圣乌昂代贝萨塞（Saint-Ouen-des-Besaces）的战斗期间

参战双方

第 30 步兵师由南、北卡罗莱纳州、乔治亚州和田纳西州的国民警卫队改编后组建。1940 年 9 月，该师转制为联邦常备军，是首批由国民警卫队师转制而来的四个常备师之一。第 30 步兵师参加了 1941 年田纳西州的军事演习和 1941 年 10—11 月的南、北卡罗莱纳州军事演习。当为期一年的兵役期结束时，该师中有 6000 人退役，随后其骨干力量也被持续输送到新组建的步兵师中，因此组建之初的国民警卫队兵员早已各奔东西，后来充实进来的都是来自全国各地的新兵。1942 年，受多重因素影响，该师的人员流转率已经超过了 100%。期间，常备军指挥官取代了原来的国民警卫队指挥官，鉴于国民警卫队的高级军官多数都是由政府指派的，这次人事调整并不奇怪。1943 年，第 30 步兵师参加了第 2 集团军在田纳西州开展的军事演习，后于 1944 年 2 月开赴英国。1944 年 6 月 10 日，该师在奥马哈海滩登陆，次日在维尔河（Vire River）一线首次投入战斗。

第 99 步兵师组建于 1942 年 11 月，1943 年参加了第 3 集团军在路易斯安纳州开展的军事演习，并于同年 10 月抵达英国。像很多新组建的步兵师一样，该师中的很多步兵被抽调出来，用于填补欧洲战场的人员空缺。1944 年 3 月，该师被抽调走 3000 人。随后，来自陆军专业训练计划（Army Specialized Training Program，ASTP）的小伙子们填补了缺额。陆军专业训练计划是时任陆军总参谋长乔治·马歇尔将军（George Marshall）的努力成果，旨在让最聪明的一部分年轻士兵进入军校接受高等教育。在那个仅有不足 5% 的年轻人能上大学的年代，马歇尔将军想让更多年轻人进一步接受教育，而不是到战场作战，以人尽其才。1944 年，美军的伤亡率急剧上升，急需补充兵员，这导致陆军专业训练计划戛然而止，10 万名来自该计划的大学生又转回部队服役。尽管其中一些人作为工程师参加了核弹计划，还有一些人进入了技术部门，但大多数人还是成了普通步兵。由于来自陆军专业训练计划的兵员规模庞大，步兵们给这些新兵起了一个绰号——"战场宝贝"（Battling Babes）。较晚投入战斗的步兵师通常会部署到形势相对平稳的战线上驻防，而不会部署到战况激烈的战区，以便逐渐适应战场环境。1944 年 11 月，第 99 步兵师部署到阿登地区，那里当时算得上"大西洋防线"一带最"安稳"的地方。该师在此开展了巡逻、小规模作战和挖掘战壕等日常行动。当月下旬，第 99 步兵师中某些靠前部署的步兵排伤亡率高达 30%，其中有一半人是因为患上了"战壕足"（即脚部冻伤）。这些可怜的士兵可能不会想到，这条相对平静的战线在 12 月就将爆发一场激战。

二战巅峰对决：德国步兵 VS 美国步兵

战斗意志与后勤供应

德国

1918年第一次世界大战结束时，德军的士气已经濒临崩溃，各类哗变和投降事件频发。而在第二次世界大战中，德国陆军却从未出现过类似的兵变和溃散问题。这很大程度上要归功于大战期间德军实施的一系列用于避免重蹈覆辙的政策。尽管1944年的整体局势对德国而言很不乐观，但德军一直保持着相对高昂的士气。德国社会有着比美国社会更浓厚的拥军传统。在德国，人们普遍认为进入军队服役不仅是一种义务，更是一种光荣。陆军中校冈瑟·凯尔（Günther Keil）曾担任步兵团的指挥官（该团情况详见后文），他在部下面前发表的一段悼词，恰如其分地表现了德国军人所信奉的责任感和宿命论："步兵不在乎表面上的荣耀，他们只会执着地履行义务。伴随着坚定的凝视，苍白的脸颊，他们在沉默中走向死亡。子辈无悔地追随着父辈的足迹。夜以继日，不知疲倦，战斗中勇敢冲锋，这就是沉默的步兵。上帝保佑你们！"

经过一次又一次失败后，德国陆军仍然有能力保持部队的凝聚力，这很值得我们深入研究。传统观点认为，基层部队，例如班和排之中的团结、友爱是非常重要的，曾有学者为此提出过经典理论，我们在此引述：只要一名士兵对班组产生了归属感，来自他人的期望和要求就会将他与其他成员紧密联系到一起，越是这样，他的表现就会越英勇（Shils & Janowitz 1948: 248）。德军的补充兵员体系一旦运作起来，就足以将每一名士兵都置于紧密团结的集体之中，进而加强他们的归属感。大多数士兵对纳粹党的意识形态教育并不怎么感兴趣。意识形态教育的意义在于在众多部队中树立一个"样板"，激发其他官兵的斗志和求胜欲，进而模仿这些"样板"的英勇表现。当然，这同时也能起到震慑那些不服管教的"刺头"们的作用。

除设法激发士气外，屡战屡败的现实也促使德国国防军采取了更为严厉的制裁措施。1943年冬天，纳粹党在所有部队中都安插了国社主义督导官（National Socialistische Führungsoffiziere，NSFO）。这一职位显然仿效了苏联红军的政委，其作用在于通过政治宣传提振士气，同时尽可能早地扼杀掉在官兵中萌发的失败主义情绪。在战争的最后几个月里，处理逃兵和失败主义者的方

▼ 第二次世界大战期间，德军步兵依然严重依赖骡马运输，图示的 Hf 7/11 型大型野战马车（Grosser Gefechtswagen）载运能力达到1700kg。在1944年的多数战役中，尽管多数德军部队与本土的距离比美军近得多，但其后勤补给状况一直处于非常紧张的状态。同盟国接连发动了战术和战略层面的空袭行动，力求切断德军的后勤补给线，其中包括用攻击机直接在战场上提供支援，利用中型轰炸机轰炸交通节点，以及针对德国纵深地区的铁路和炼油设施的大规模轰炸。对大多数德军部队而言，补给尽管不多但至少够用，而弹药的短缺问题相对严重。抛开盟军封锁作战对后勤的影响不谈，德国国防军在后勤上投入的精力，的确很难与他们在战术上的英勇表现相称。

参战双方

式愈发严厉,被当场处决的人数持续增加。与第一次世界大战时处死48人的"克制"数据相比,第二次世界大战时的总处死人数达到了丧心病狂的2万人。

美国

与大多数德国人截然相反,美国老百姓普遍将服兵役看作一件不得不做的烦人事。到1944年,战争局势逐渐明朗,胜利的天平已经倒向了盟军,大多数美军士兵都坚信自己会取得胜利。在许多国家的军队中,大部队的凝聚力往往依赖于小部队的团结一致,就如同电视剧《兄弟连》一样。罗伯特·拉什(Robert Rush)在对许尔根森林(Hürtgenwald)战斗的经典研究中总结道:那些身经百战的指挥官在美军取得胜利的过程中起到了关键作用(Rush 2001:344)。无论是在枪林弹雨中克服前进时的恐惧,还是摒弃退守散兵坑的人之本能,部队的战斗意志都起到了至关重要的作用。就像德国陆军一样,美国陆军也很重视基层部队中士官和下级军官的领导作用。法国战场上步兵连的伤亡率居高不下,这很快就对部队的凝聚力形成了考验。1944年夏天,平均每三个月,步兵团的伤亡率就会达到100%。大多数伤员在接受过包扎后,又被送回了前线。奥马尔·布雷德利将军(Omar Bradley)在他的自传中,对步兵的处境有这样一段不愉快的回忆:

"激励并不是普通士兵战斗中的一部分……他们并不会为奖励或休假的承诺而战。打下一条河后面还有一座山,打下那座山后面还有另一条河。连续作战几周、几个月之后,只有伤员才能安全地躺在屋檐下的病床上。那些没受伤的人只能接着打下去,同时竭力保住性命。然而每多活一天,就意味着又消耗了一次活下来的机会。除非胜利降临,否则大家迟早都得躺在担架上或者坟墓里,去迎接这场轮回的终结。"

▼ 美军步兵师已经全面实现了摩托化。后勤连中的"主力"是通用汽车公司生产的 CCKM-353 型 2.5t 货车。由于在远离本土数千英里外的地方作战,美军必须在战场上建立起密集而高效的后勤网络,以保障前线单位的战斗力,这与德国国防军形成了鲜明对比。美军的惊人后勤能力并不是"无意间"形成的,早在1917—1918年时,他们就已经非常重视后勤工作了。尽管美军经常因后勤人力远多于作战人力而遭受非议,但他们在远离本土的战场上保障大规模军事行动的后勤能力却是其他任何国家都难以望其项背的

COMBAT 美国陆军第8步兵团，列兵

1944年夏天，美国陆军正在将战前款制服更换为图示款制服。这款制服改动很大，有时称为M1943制服，颜色由战前款偏卡其色和土褐色色调的3号橄榄绿，改为了偏深绿/深橄榄绿的7号橄榄绿。图示士兵所穿制服在1942—1943年的北非和1943—1944年的意大利战场也很常见。而像第4步兵师那样建立时间较长的部队，还会同时使用款式较旧的装具

1944年6月7—10日，蒙特布尔

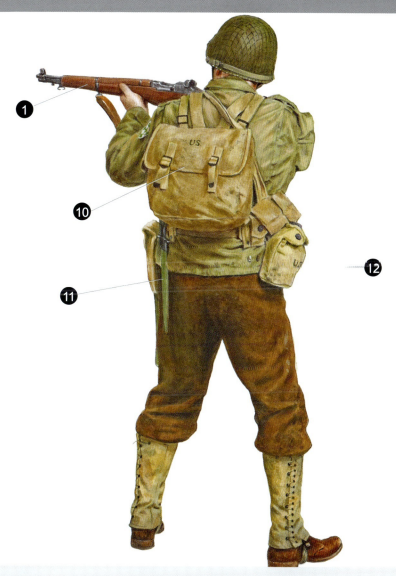

武器、制服与装备

这名美国陆军列兵的武器是装有枪带的M1加兰德步枪（1）。他头戴制式M1钢盔（2），钢盔上面的伪装网是诸多样式之一。他身穿1941年款帕森斯作战夹克（3）和M1937野战羊毛裤（4），夏季款制式军靴有配套的帆布绑腿（5），军靴由棕色皮革制成（6）。

准备发动进攻时，美军指挥官会要求士兵们放下一切不必要的装具，以免妨碍行动。图示的列兵身上只携带了最基本的装具，例如M1923弹匣包（7），它由带状织物制成，可容纳10个步枪弹匣，固定在同样由带状织物制成的M1936背带上。为携带更多弹药，这名列兵还斜挎着一个棉布弹匣携行包（8），它可容纳6个弹匣。M1943工兵铲（9）既可挂在腰带上，也可挂在背包上。为减轻负重，步兵通常会将M1928背包留在后方，只背着图示的小型野战背包（10），其官方名称为"M1936帆布野战背包"。M1刺刀（11）平时插在金属质刀鞘中，也可挂在腰带或野战背包上。水壶装在M1941水壶套（12）中，水壶套也可挂在腰带上。

二战巅峰对决：德国步兵 VS 美国步兵

领导阶层与通信能力

德国

在德国陆军的观念中，基层部队指挥官是步兵战斗中的支柱。在每个军区中，军官和士官的培训都是由后备军负责的。此外，每个军区都设有专门培养年轻军官的军官训练学校（Fahnenjunkersschule）。而士官训练有两种途径：要么在22所陆军士官学校中的一所接受训练，要么在步兵师中开设的战场士官学校中，通过一个为期10星期的特别训练课程。

第二次世界大战时，德军步兵部队仍然依赖于传令兵及战场电话这些传统通信方式，整个通信系统已显落伍。步兵连的指挥部设有3名传令兵，其中一名配有自行车。尽管战争开始时德国陆军在指挥与控制方面引领了无线电化潮流，但到1944年时，其通信技术水平仍处于几乎原地踏步的状态。直到1943年10月发布新的组织装备表（Kriegsstärkenachweisungen，简称KStN，德国的部队组织装备表，同美国的TO&E）后，德国陆军才为步兵连配发了b型野战无线电台（Feldfunksprecher b）。这型电台属于背负式调频无线电台，重13kg，发射功率150mW，有效通信距离约1000yd。在同年12月发布的组织装备表中，德军将每个连配发的无线电台数量由2部提高到4部，通常每个步兵排配发一部。然而，德军的无线电台实际上经常处于短缺状态，因此甚至每连两台无线电台的基本需求在有些部队中都得不到满足。在快节奏的军事行动中，无线电台的短缺使德军步兵的指挥控制活动受到了很大阻碍。对此，第919掷弹兵团的冈瑟·凯尔中校在经历了1944年6月下旬的诺曼底战斗后写道：

► 德军野战无线电台的体积比美军野战无线电台大，发射功率却不及后者。德军基层部队标配的就是图示的b型野战无线电台

"（美国人）装备了极好的便携式无线电台。因此，无论进攻成功还是失败，参战部队都能第一时间（向上级）报告。在传令兵把有关穿插行动的汇总报告交给连长时，敌人已经通过无线电台呼叫了支援兵力，等到德军指挥官把本来就没几个人的预备队突击组叫上前线时，一切都已经晚了……有时要等一个小时，战况报告才会送到我的指挥部。等想明白应该如何应对时，就又过了一个小时，而此时战场态势往往已经发生变化。"

美国

美国陆军采用了一系列方式来训练基层军官。战前，美国陆军通常从国民警卫队和军官储备队中选拔军官。战争爆发后，军官需求转而主要通过后备军官学校（OCS）和设置在大学里的后备军官训练团（ROTC）等一系列训练项目来满足。到1942年时，美国陆军决定以为期三个月的加强后备军官学校集训，代替后备军官训练团项目。相比之下，后者虽然周期较短，但效率更高。此后的大多数年轻中尉都出自这一项目，其训练方式被戏称为"90天奇迹"（90-day wonders）。在1944年的欧洲战场上，仅步兵部队平均每个月就会产生36000名军官缺额。与德军类似，1944年时，美军排级军官的伤亡率也居高不下，因此往往要火线提拔一些有经验的士官来担任排级

◀ 美军连级部队的通信主要依靠SCR-536型步话机，有时也会使用野战电话一类较传统的通信工具。图示的第30师第117步兵团的军官就正在使用野战电话，他身旁放着两台SCR-536型步话机。这幅照片摄于1944年8月11日的法国圣巴泰勒米（Saint-Barthélemy）

二战巅峰对决：德国步兵 VS 美国步兵

部队指挥官。以第 90 步兵师这样的"菜鸟"师为例，在持续长达 7 周的诺曼底战役中，中尉军官平均每周要损失 48%，一名中尉的履职周期平均只有两周。与德国陆军不同，美国陆军没有专门的士官学校，但在步兵师中表现优秀的士兵可以按军阶逐步晋升。

美军步兵连中的无线电台配发标准堪称奢侈。同时，相对于德军的无线电台，美军的无线电台在技术水平上至少要领先一代。美军中的基本通信装备是昵称为"handie-talkie"的 SCR-536 型小型手提式步话机，它仅重 5 lb，结构紧凑，输出功率为 360mW，有效通信距离可达 1mile。这型步话机在重量上不及德军无线电台的五分之一，而输出功率却是后者的两倍。美军每个连队配发 7 台 SCR-536 型步话机：3 台归属连指挥部，其中一台由炮兵观察员使用，每个步兵排配发 1 台。此外，每个步兵营会为其下属的每个步兵连再配发一台 SCR-300 型调频无线电台，用于营连之间的通信指挥活动。更重要的是，美军庞大的无线电台配备量不仅体现在纸面上，实际中也能做到足额配发。

武器装备与战术指挥

第二次世界大战中，火炮是主要杀伤武器。美军步兵师装备的野战火炮明显优于德军。前文提到，巴顿将军将给德军造成 42% 伤亡率的功劳归于火炮，而其他研究表明，这个数字实际上接近 80%（Comparato 1965：253）。德国的军事观察家们也持同样观点，

▼ MG34 是德军步兵装备的制式通用机枪，自 1942 年开始被更廉价的 MG42 机枪取代。左侧副射手背上的金属管状物是备用枪管收纳筒。MG34 的射速非常高，枪管容易过热，因此携带备用枪管很有必要

1943—1944 年间，由于步兵的战斗力不断下降，德军野战炮兵承担了 60%~80% 的战斗任务（Thoholte 1945：709）。威廉·E. 德普伊将军（William E. DePuy）战时曾任营长，1971 年在本宁堡步兵学校的演讲中，他一针见血地指出了师属炮兵在步兵战斗中的重要作用："一个步兵连执行完一天的作战任务，其实并不意味着他们接近并消灭了敌人，这实际上是前线炮兵观测员又往前挪了一个山头。"从武器角度来看，双方配置水平大致相当，美军师编有 3 个 105mm 口径 M2 榴弹炮营，德军师则编有 3 个 105mm 口径 leFH 18/40 轻型野战榴弹炮营，两者射程和弹药性能相近。双方的每个师还配有一个重型火炮营：美军师拥有一个 155mm 口径 M1 榴弹炮营，而德军师拥有一个 150mm 口径 sFH 18 重型野战榴弹炮营。尽管拥有类似的武器装备，但双方的共同之处也仅限于此。

双方的主要差异在于装甲部队的支援体系。基于第一次世界大战的经验，几乎所有大国陆军的步兵部队都配属了坦克部队作为支援力量。但德国陆军是个例外，它将所有坦克都集中在装甲师中。尽管遭到海因茨·古德里安（Heinz Guderian）等装甲兵名将的反对，但德军步兵部队最终还是争取到了相应的工业资源，开始装备三号突击炮（StuG Ⅲ），它可以看作是 75mm 口径步兵炮的自行化版。然而，三号突击炮与坦克在生产计划的调配上发生了冲突，这导致其产量很难满足需求。开始，突击炮配属军一级直属的突击炮营，然后在需要执行特定任务时配属步兵师。1942 年，75mm 口径 PaK 40 型牵引式反坦克炮列装之初，就有官兵抱怨它过于沉重，靠人力难以机动。因此，军方设法将它安装到几种已经落后的轻型坦克底盘上，由此催生了"黄鼠狼"系列自行反坦克炮。在 1943 年的新组织装备表中，德军计划为每个步兵师都配属一个机械化反坦克营，该营下辖一个三号突击炮连，一个"黄鼠狼"自行反坦克炮连，以及一个 PaK 40 型牵引式反坦克炮连。综上，在最理想的情况下，每个德军步兵师都要装备 24 辆装甲车。

与之对应的是，欧洲战场上的美军师通常配属一个坦克营和一个反坦克营。这两个营并不在步兵师的编制内，但在临时支援步兵师作战时能保证数量充足。因此，一个美军师可用于直接支援的装甲车数量，通常是一个德军师的四到五倍。实战中，美军为每个步兵团都配属了一个坦克连和一个反坦克连，此举大大提高了步兵团的进攻能力。

二战巅峰对决：德国步兵 VS 美国步兵

德国

德军步兵战术是围绕班用轻机枪展开的。每个步兵班包括 1 名班长、5 名持步枪的步兵以及 2 名步兵构成的机枪组。班长指挥 2 人机枪组，步兵紧随其后。传统的德国步兵战术通常需要通过指挥官大声发令，士兵大声回应来实现，以此保证所有人都在使用武器射击，并使作战团队在喧闹的战场上仍能保持行动一致。国民掷弹兵师本该装备最新的 StG44 突击步枪，但 1944 年时这型步枪很难足额配发。

德军野战炮兵的整体实力曾经领先于对手，但到第二次世界大战后期，由于指挥和弹道计算设备不足、缺乏弹药、机械化程度低，且缺乏熟练操作人员等因素，已经远远落后于对手。1944 年的德军炮兵营装备序列，通常是制式火炮和缴获敌火炮的"大杂烩"。以本书介绍的德军步兵师为例：第 709 步兵师有 2 个装备苏联 76mm 口径师属火炮的连，2 个捷克 100mm 口径榴弹炮连，3 个法国 105mm 口径榴弹炮连，以及 3 个法国 155mm 口径榴弹炮连；第 183 国民掷弹兵师仅有 9 个炮兵连，而非正常的 12 个，其中包括 4 个 105mm 口径榴弹炮连，2 个 150mm 口径榴弹炮连，以及 4 个 75mm 口径炮连。第 709 步兵师属于守备师，因此除一个炮兵连装备牵引汽车外，其余炮兵连的编制中连牵引设备都没有。多数国民掷弹兵师则是有什么就用什么，他们的炮兵连中混杂着骡马车、载货汽车、履带式牵引车等各类牵引机具。

▼ 尽管 MG34 通用机枪逐渐被 MG42 通用机枪取代，但两者都在步兵部队中一直大量装备到战争结束。MG42 的外观识别特征明显，其枪管散热套是金属板冲压成型的

参战双方

◀ 德军师属野战炮兵团包括3个装备105mm口径leFH 18/40轻型野战炮的轻型炮兵营，以及1个装备150mm口径sFH 18重型野战炮的中型炮兵营，每个营都编有12门炮

15 CM SCHWERE FELDHAUBITZE SFH 18

10.5 CM LEICHTE FELDHAUBITZE LFH 18/40

美国

美军步兵班的规模比德军步兵班大，通常由12人组成。美军步兵班的制式单兵武器是M1加兰德步枪，同时配备0.30in口径BAR自动步枪（即勃朗宁自动步枪）。BAR相较德军的轻机枪重量更轻，结构更紧凑，但因使用弹匣供弹，火力持续性相比使用弹链供弹的德军轻机枪差很多。由于在火力上相对德军不占优势，美军基层部队战术在战后饱受诟病。这一定程度上缘于其步兵班只以BAR充当支援火力，而不是传统的轻机枪。大多数有战斗经验的班组都能认识到火力不足的问题，因此会装备更多BAR或其他自动武器作为补充。在美国陆军中，"步兵崇拜"（cult of the rifleman）思想大行其道，意即过于强调射击准确性，士兵们往往在仔细瞄准目标后才会射击。在几乎看不到敌人的"空旷"战场中，很多美军步兵都会因找不到射击目标而根本不开枪射击。身为陆军观察员的马歇尔将军在战后发表了一份颇具争议性的研究报告，他在报告中称："整场战斗中，大约只有15%的（美军）士兵开火。"时至1989年，争议再起——人们调查后发现，马歇尔将军的报告并非像他说的那样基于真实数据编写，而是基于他的主观印象。乔治·S.巴顿将军建议，步兵的训练不应继续强调射击准确性，而应训练以臀部高度持枪射击（即腰际射击），藉此在推进时形成压制性火力。

尽管班组火力相对不足，但美军步兵连的火力配置要比对手强得多。美军步兵连通常编有迫击炮分队和轻机枪分队，而德军的国民掷弹兵师往往没有这种重火力单位。更重要的是，美军步兵连中配属有携带无线电台的前沿火炮观察员，其职责是确定野战火炮的打击坐标。第一次世界大战期间，美军野战火炮与步兵的比例为4∶1000，

二战巅峰对决：德国步兵 VS 美国步兵

第二次世界大战期间则提高到接近 23∶1000 的水平。

美军所有师属野战火炮都实现了摩托化，这对行军和弹药补给而言都是极为重要的影响因素。因此，美军的弹药补给总是比德军更充足。1944 年 10 月，美军在洛林地区（Lorraine）作战，意在为进攻梅茨（Metz）打开通路。巴顿将军率领的第 3 集团军弹药携带量有限，但火力仍达到对面德军第 1 集团军的两倍。此外，美军的优势还体现在更为先进的炮兵指挥方式和指挥设备上。战前，美军建立了火力指挥中心（Fire Direction Center，FDC），该机构的职责是协调各炮兵连的火力。炮兵连、营、团之间依靠各级火力指挥中心建立联系。炮兵前沿观察哨和火力指挥中心都配备了充足的无线电设备，这使火力指挥中心能及时响应步兵连提出的火力支援请求。这套指挥体系还允许任何一个指挥中心都能集中调度全师四个炮兵营的火力。美军在炮兵指挥体系上的另一项创新是使用空中炮兵观察机。这些观察机能从空中锁定步兵连视距外的敌军目标，还能辅助指引反炮兵火力，"敲掉"对面的敌军炮兵连。

▶ 美军步兵师属火炮的"主力"是 105mm 口径 M2A1 型榴弹炮，每师下属 3 个炮兵营。图示为美军第 915 野战炮兵营下属的炮兵连之一。这幅照片摄于 1945 年 2 月 7 日莱茵兰（Rhineland）战役期间的温特尔斯佩尔特（Winterspelt）

美军对自身指挥体系的不断优化同时带来了战术上的创新，最常见的炮兵战术就是"同时弹着"（Time-on-Target，TOT）战术。这种战术少则能协调一个炮兵连，多则能协调整个军级部队的火炮，同时攻击同一坐标（目标）。通过计算所有火炮的射程和弹道诸元，让多门火炮交替开火，从而使所有炮弹同时命中一个坐标（目标）。这种战术的优越性在于，可在敌步兵躲进掩体前将其全部消灭，不给其留出反应时间。要知道，暴露在开阔地的步兵的伤亡率是卧倒状态的步兵的 3 倍，是躲在战壕中的步兵的 20 倍。师级 TOT 战术被官兵们

参战双方

◀ 除装备 105mm 口径榴弹炮的 3 个营外，美军步兵师还有一个装备 155mm 口径 M1 型榴弹炮的野战炮兵营，这幅照片摄于 1944 年的阿登战役期间

称为"毁灭""宾果游戏"或"猛烈炮击"，而军级 TOT 战术则被戏称作"小夜曲"。

蒙特布尔的战斗

1944年6月7—10日

战斗背景

　　D日,即1944年6月6日,美军第4步兵师在犹他海滩登陆,此后两天持续扩大滩头阵地。该师的任务是向西北方向进军,通过蒙特布尔的公路干道,夺取重要港口瑟堡。第4步兵师下辖的三个步兵团均按计划向前推进。其中,第8步兵团在左翼,具体位置是圣玛丽教堂-蒙特布尔公路的西侧;第12步兵团居中,位于蒙特布尔公路的东侧;第22步兵团沿海岸行军,负责清理"大西洋防线"一线的

▶ 冈瑟·凯尔中校指挥的第919掷弹兵团开始是作为普通步兵师的一部分组建的,有一大批久经战阵的老兵作为骨干。这是1944年5月20日在W5堡垒群举行的一次授勋仪式。仪式上,师长卡尔·冯·施利本将军为第3营指挥官亚瑟·杨克中尉(Arthur Janke)颁发骑士十字勋章,以表彰他年初时在东线战场带领部队取得优异战果。诺曼底登陆战时,W5堡垒群所在区域被盟军划为"犹他"海滩

蒙特布尔的战斗

冈瑟·凯尔中校（Oberstleutnant Günther Keil）

赫尔曼·汉斯·冈瑟·凯尔，1898年5月18日生于德国萨勒河畔的哈雷。他自1917年5月开始在德国陆军第147步兵团服役，身份是士官衔后备军官。第一次世界大战后，他留在军中任职，并于1924年晋升为中尉。1925年，他离开军队到政府海关部门工作。直到1936年，凯尔才重新应征入伍，加入重整当中的陆军。

在1940年的战斗中，凯尔服役于第1装甲师。1942—1943年间，他服役于东线战场上的第256步兵师。1943年10月，第919掷弹兵团由第241步兵师序列转至兵力不足的第709步兵师序列。第709步兵师驻守在诺曼底，师长卡尔·冯·施利木将军想要一位在东线战场上富有作战经验的老兵来指挥第919掷弹兵团。同年11月，凯尔临危受命，成为第919掷弹兵团指挥官。D日后的最初几天，他率领该团在犹他海滩战斗。

在蒙特布尔的交通枢纽周围战斗时，凯尔负责部署周边防务。他指挥的第919掷弹兵团损失严重，奉命开往瑟堡时收编了第17机枪营，构成了凯尔战斗群，战斗力得到加强，随后接管了瑟堡防区中的一段防线。1944年6月下旬，这段筑垒防线被美军攻克，施利本将军命令凯尔前往若布尔半岛指挥那里的德军残部——他们是科唐坦半岛能坚持作战的最后一部分部队。6月30日20时左右，位于迪居勒维尔附近的德国海军第346号堡垒区指挥所遭到炮轰，凯尔当时正在里面。炮兵指挥官误以为凯尔在掩体入口附近被炸死，便举起白旗投降。事实上，凯尔并没有阵亡，而是有惊无险地与司机一起，在混乱中向西北方向逃去。当天半夜时分，凯尔被美军的一个巡逻队俘虏。

詹姆斯·范·弗里特上校（Colonel James Van Fleet）

詹姆斯·阿尔瓦德·范·弗里特，1892年3月19日生于美国新泽西州的科伊特斯维尔。他学生时代在佛罗里达州度过，后考入西点军校，并于1915年与德怀特·艾森豪威尔及奥马尔·布雷德利同期毕业。入役后，范·弗里特先是以步兵身份在墨西哥的潘乔比利亚作战，随后在第一次世界大战中的西线战场上被提拔为机枪营指挥官。

第一次世界大战结束后，范·弗里特先后担任教职和作战部队指挥官。1941年6月，他晋升为上校，并成为第8步兵团（隶属第90步兵师）指挥官。不寻常的是，截至1944年6月6日在犹他海滩首次投入战斗，范·弗里特已经指挥第8步兵团近三年时间，见证了这支部队在美国和英国进行的所有作战训练。他评价道："第8步兵团是一个南方团，战斗中冲锋在前，大多数士兵都是来自佛罗里达、阿拉巴马和乔治亚的征募兵。他们是有本事打中松鼠的好射手，不惧黑暗，穿梭密林有如闲庭信步。刚开始征兵时，我们部队分来的都是纽约人，他们为我们带来了现代陆军战士所必须掌握的技能——使用通信器材、驾驶汽车和操作机械。很多人会想，'扬基佬'和'南方叛军'能和平共处吗？这两拨人会不会打起来？事实证明这完全是无稽之谈。在这样一支具备了一切现代化作战手段的部队中，南方人与北方人亲如一家，友好得超乎想象。"（引自Balkoski 2005:189）

范·弗里特麾下的官兵们已经和谐共处了三年时光，并且与第90步兵师的其他单位（如炮兵）建立了深厚友谊，这使他们在诺曼底战役初期势如破竹。多年来，由于与另一名优秀军官重名，范·弗里特在美军中一直默默无闻。经过西欧的战事后，他终于崭露头角，获得重用。1944年7月，范·弗里特成为第2步兵师副师长，后又相继升任师长、军长。

范·弗里特在1946—1948年间担任过一系列要职，他率领美军顾问团帮助希腊政府平息了内战，之后又在朝鲜战争中指挥第8集团军。到1953年3月31日退役之时，他已衔至四星上将，美国总统杜鲁门称他为"我们有史以来最卓越的将军"。1992年9月23日，范·弗里特逝世，享年100岁。

二战巅峰对决：德国步兵 VS 美国步兵

▶ 来自第70坦克营A连的坦克在突破蒙特布尔附近城镇德军防线时起到了关键作用，这是一辆带推土铲的M4坦克，车名为"阿帕奇"（Apache）。这种带推土铲的坦克能在密布的树篱中推出一条路来，在科唐坦半岛的战斗中非常有用

▶ 来自第8步兵团第2营的几名军官正在检查一门被德军抛弃的88mm口径高射炮，它原属德军第30高射炮团。这门炮部署在瑟堡外围的德军据点中，6月24日时美军占领了这里。最左侧的军官是营长卡尔顿·马科尼利中校（Carlton MacNeely），中间是K连连长约翰·雷巴尔谢克少尉（John Rebarchek），最右侧是营作战军官乔治·马布里上尉（George Mabry）。6月9日，E连在埃科瑟维尔一带作战时损失惨重，全连军官只有雷巴尔谢克一人幸免。6月24日，雷巴尔谢克因表现出色得到荣誉勋章提名，但他后来获得的是杰出服役勋章

德军残部。本章主要讲述6月7—10日，第8步兵团攻占蒙特布尔西部高地的战斗行动。

这部分海岸防线由第709步兵师第919掷弹兵团驻守，指挥官是冈瑟·凯尔中校。犹他海滩周围地区的防务由第919掷弹兵团第1营负责。该营在第一天的战斗中损失惨重。第709步兵师指挥官卡尔·冯·施利本将军判定，盟军在犹他海滩的登陆行动只是第一波次攻击，他们之后几天会在稍远处的科唐坦半岛实施更多的登陆和空降行动。因此，施利本将军并不打算将第919掷弹兵团下辖的其余两个营重新部署到犹他海滩的北部防御阵地中。处在第919掷弹兵团后方的是第91机降师（Luftlande-Division，隶属于德国国防军的一种能利用运输机进行快速调动的步兵师，负责快速占领敌空军基地，与空军的伞兵师不同，他们不能执行空降任务，第二次世界大战中这种师一般被当作普通步兵师部署）下辖的第1058掷弹兵团，该团曾在圣玛丽大教堂附近与美军第82空降师和第4步兵师交战。截至

蒙特布尔的战斗

◀ 在犹他海滩和接下来的瑟堡战役中，美军第4步兵师的对手都是凯尔中校指挥的德国国防军第709步兵师第919掷弹兵团。凯尔在东线有丰富的作战经验，获得了多枚勋章。这幅照片摄于D日之前，凯尔与自己手下的官兵们在一起

6月7日，第1058掷弹兵团已经溃不成军，连团长都阵亡了。

6月7日晚些时候，上级批准凯尔将第919掷弹兵团第3营调往蒙特布尔前线。第7集团军的主力预备队——第7集团军直属突击营（StuBtl AOK 7）曾与第1058掷弹兵团并肩战斗在圣玛丽大教堂外围地区，成为圣玛丽大教堂-蒙特布尔公路一线的主要防御力量。由胡戈·梅塞施密特少校指挥的第7集团军直属突击营是这一地区最精良的步兵部队之一，编制有约1000人，使用自行车行军。情况允许时，第709步兵师通常还会得到其他步兵部队的支援。除步兵支援部队外，防守部队还能得到军直第621特种炮兵团（AR zbV 621）及第101火箭炮团（Stellungswerfer-Regiment 101）的支援。6月8日，第243炮兵团下辖第10炮兵连（隶属第3炮兵营）在斯达尔胡佛中尉的率领下，在埃科瑟维尔附近沿公路设防。第3炮兵营其余部队则投入到圣玛丽教堂附近的战斗中。第10炮兵连配属4门105mm口径野战榴弹炮，他们为近战建立了防御阵地，而阵地周围还聚拢了一些掉队的德军士兵。

▼ 1944年7月的科唐坦半岛战斗期间，一名年轻德军士兵将迷彩帐篷布披在身上当雨披，他手握一支常见的Kar.98k步枪

1944年6月7—10日，德军第919掷弹兵团和美军第8步兵团在蒙特布尔的战斗

地图索引

1. **6月7日**：美军第8步兵团第3营派出一支小分队渡过科尔瑟河（Coisel Creek）。

2. **6月8日，当地时间10时**：美军第8步兵团第3营开始战斗，目的是肃清埃科瑟维尔（Écausseville）西南方向始建于第一次世界大战时期的飞艇库和机场，战斗持续了一天。

3. **6月9日，清晨**：美军第8步兵团第1营被密集的德军轻武器火力和炮兵火力阻挡在科尔瑟河以南，马盖维尔（Magneville）东北部的开阔地带。

4. **6月9日，清晨**：接到埃科瑟维尔被占领的虚假战报后，美军第8步兵团E连向前推进，但遭到德军炮火和轻武器的猛烈攻击，最后撤退。

5. **6月9日，傍晚**：作为第8步兵团第1营的先头部队，美军第70坦克营A连消灭了位于佩蒂特堡（Petit Bourg）和格兰德堡（Grand Bourg）农场中的德军据点后继续前进，进攻埃科瑟维尔。

6. **6月9日，傍晚**：由于天色渐晚，步兵也落在了后面，第70坦克营A连撤退至佩蒂特堡和格兰德堡农场，准备驻守在埃科瑟维尔东部的十字路口处，结果发现那里已经被德军第7集团军直属突击营下辖的一个连重新占领。与第8步兵团第1营汇合后，第70坦克营A连的坦克兵们清除了德军据点，并抓获了100多名战俘。

7. **6月10日，清晨**：在第70坦克营A连的支援下，美军第8步兵团第1营推进至埃鲁德维尔（Éroudeville）。

8. **6月10日，下午较早时**：美军第8步兵团第1营遭到了来自蒙特布尔市郊的西蒙内特战斗群（Kampfgruppe Simoneit）的反击。

9. **6月10日，下午较晚时**：作为对德军反击的回应，美军第70坦克营A连多次突入埃鲁德维尔，射击完毕后撤出村庄。黄昏时，A连撤退至弗雷斯维尔（Fresville）进行油料和弹药补给。

10. **6月10日，傍晚**：美军第8步兵团第3营前进至埃鲁德维尔以南，占领了可以俯瞰勒昂-蒙特布尔公路（Le Ham-Montebourg road）的制高点。

11. **6月10日，傍晚**：鉴于埃科瑟维尔已在前一天晚上被盟军放弃，美军第8步兵团第2营绕到该村西面，在勒昂-蒙特布尔公路以南建立了防线。

12. **6月10日，傍晚**：在成功阻击美军第8步兵团第1营后，德军西蒙内特战斗群收拢了埃鲁德维尔防线的残余守军，后退至靠近蒙特布尔的新防线。

战场环境

蒙特布尔南部是典型的诺曼底树篱地形（树篱是用于分割农田的低矮灌木，译者注），农场周围环绕着茂密的灌木篱墙。美国陆军有时称这里的树篱为"翻扣战壕系统"（Inverted Trench System，直译为将战壕翻过来扣在地面上，译者注），树篱和坚实的土墙共同构成了天然的防御体系。这片土地受梅德烈河（Merderet River）灌溉，这条河支流众多，在地势低洼处形成了泥泞的科唐坦沼泽（Marais du Cotentin）。

6月8日，美军第8步兵团第3营的作战重点是埃科瑟维尔西南的法国飞艇库

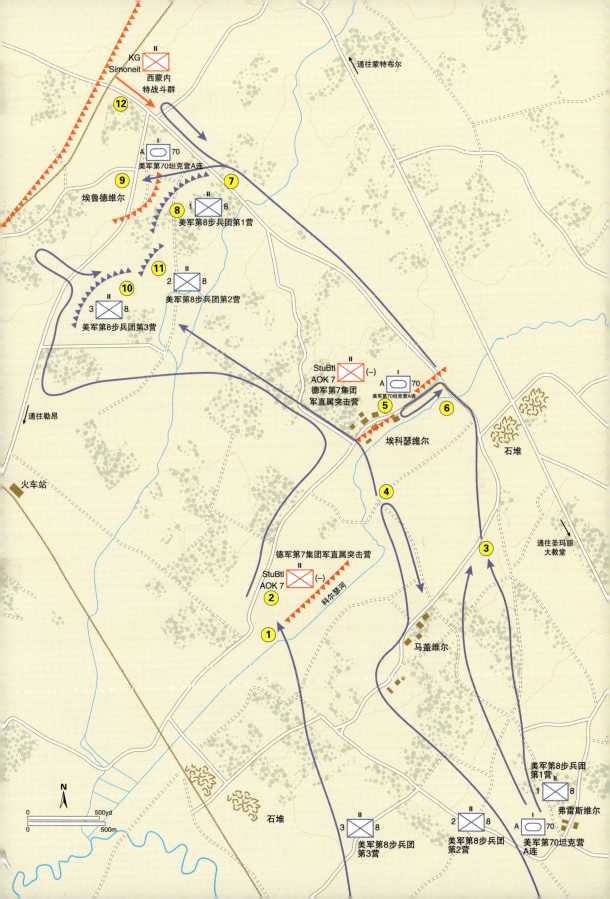

二战巅峰对决：德国步兵 VS 美国步兵

投入战斗

成功肃清圣玛丽大教堂一带后，美军第 8 步兵团于 6 月 7 日开始转向北方推进。一开始各营列队行军，后来转而在长达 2000yd 的区域内分散行进。其中，第 1 营在右翼，第 2 营居中，第 3 营在左翼。德军步兵的防线逐渐集中到科尔瑟河一线，在美军第 8 步兵团战线东北方向一字排开。6 月 7 日当天，美军只有第 8 步兵团第 3 营渡过了科尔瑟河。傍晚时分，第 3 营的一个连成功在河对岸建立前哨站。

在埃科瑟维尔西南的法国飞艇库周围，德军部署有约一个步兵连的兵力。6 月 8 日，这股德军部队与美军第 8 步兵团第 3 营持续战斗了一天，美军记录表明当时"战况激烈"。在榴弹炮和迫击炮的猛烈轰击后，美军第 8 步兵团第 3 营于当天 10 点左右发起进攻。美军三个连进入科尔瑟河南岸的一片沼泽地。德军动用火炮沿河岸猛轰——美军因此打趣儿地称他们途径的沿河公路为"88 大路"（88 Avenue）。在重型榴弹炮的轰击下，美军第 8 步兵团第 1 营几乎被"钉死"在科尔瑟河沿岸，遭受严重损失。他们在忙乱中冲过了 500yd 长的开阔地，到达飞艇库。此时，第 8 步兵团 L 连已率先到达飞艇库一带，并肃清了周围的其他建筑。傍晚时分，第 8 步兵团第 3 营在机场北部建立了防线。经此一战，德军步兵有 37 人伤亡，配属给他们的几个机枪班也有 10 人伤亡，再也无力发动像样的反击，但仍足以延缓美军 6 月 8 日的进攻节奏。德军将 6 月 8 日取得的战果归功于第 621 特种炮兵团提供的重型榴弹炮火力支援，以及刚刚抵达战场的第 243 炮兵团 10 连。

6 月 9 日上午，美军第 8 步兵团第 1 营从马盖维尔东侧的树篱地带出发，到达纵深约 400yd 的开阔地。德军第 7 集团军直属突击营的

▶ 在 1944 年的瑟堡战役期间，德国国防军第 709 步兵师的士兵们身穿临时伪装物合影

38

▲ 1944年夏天，德军的机动车严重短缺，包括第7集团军直属突击营在内的许多部队只能以自行车代步。图示为一个装备"战车噩梦"火箭筒并利用自行车机动的反坦克单位

一个连在科尔瑟河另一侧——佩蒂特堡和格兰德堡这两个小农庄掘壕据守。此处射界开阔，可以横扫前面的牧场。美军在最初的几次进攻中遭受大量伤亡，行动没有任何进展。同时，由于西侧已经被埃科瑟维尔方向包括第243炮兵团10连在内的德军火力封锁，美军第1营各连无法进行迂回攻击。当天下午早些时候，美军第8步兵团C连被迫回到始发阵地。

随后，美军第8步兵团第1营原地等候前来驰援的隶属第70坦克营A连的两个坦克排（共8辆M4坦克）。傍晚时，这8辆M4坦克引领着各连的纵队，沿公路向农庄发起了攻击。抵达科尔瑟河后，这些坦克开始向位于公路交叉口的两个农庄射击，然后转向西，进军埃科瑟维尔。然而，美军步兵并没有跟上坦克的步伐。在埃科瑟维尔的德国守军有火炮支援，而美军坦克部队拒绝在没有步兵支援的情况下夜袭村庄，于是撤退至十字路口。在那里，他们发现德军步兵重新占领了农庄建筑。在美军坦克的持续炮火攻击下，约100名德军士兵投降，他们均来自第7集团军直属突击营。美军第8步兵团第1营借助夜色掩护挖好了战壕。此时，德军第7集团军直属突击营中的可作战兵力只剩下100人左右，该营在两天的战斗中伤亡率接近90%。而美军第8步兵团第1营的战斗减员也异常严重，兵力由开始的830人减至472人——要知道，这还是在他们从D日开始相继接收了465名补充兵的情况下。换言之，在仅仅四天的战斗中，第1营的伤亡率就达到了100%。

然而，受错误情报影响，美军第8步兵团指挥部误以为第1营已经通过埃科瑟维尔，于是命令其在不留预备队的情况下占领埃科瑟维尔。第2营由E连打头，就在他们试图从村庄西南方向的田野上穿越战场时，遭到了德军火炮和机枪的猛烈打击。此时，得到一个机枪排加强的E连有55人伤亡，减员到不足75人，所有排长中只有一人幸免。E连就此后撤，转由F连和G连作为先头部队。成功实施

二战巅峰对决：德国步兵 VS 美国步兵

迟滞行动后，同样遭到重创的德军步兵和炮兵于当天晚上放弃了埃科瑟维尔。夜间，作为援军的德军第243步兵师赶到，其中包括第921掷弹兵团第2营，这支部队占领了西南方向通往蒙特布尔的公路。

6月10日，美军第8步兵团第1营在第70坦克营A连的支援下带头发起攻势。炮火准备后，第1营的部分官兵爬上了坦克，整队向北方的埃鲁德维尔前进，而那里的德军防御部队已经得到第912掷弹兵团第2营，以及佐伯中尉（Zobl）指挥的第243炮兵团第9连的支援。前进了数百码后，美军被包括三门反坦克炮在内的德军防御火力阻滞，止步不前。此时，美军第8步兵团第1营与坦克紧密配合，缓慢推进，最终瓦解了德军防线。

随后，美军第8步兵团第1营继续推进，距勒昂-蒙特布尔公路约300yd时，纵队又遭到德军的猛烈攻击。紧接着，西蒙内特上尉（Simoneit）指挥的第919掷弹兵团第3营于14时左右向蒙特布尔外围发起反击，击退了美军步兵。为切断德军防线，美军坦克连决定单独对埃鲁德维尔实施突袭。于是，坦克部队连续5次以少量坦克突入村庄，对建筑物开火后便立即撤离。此时，美军第8步兵团C连完成了东面的侧翼保护任务后，也抵达战场。在这些支援部队的协助下，第8步兵团第1营最终彻底瓦解了德军防线。西蒙内特的部队与之前驻防埃鲁德维尔的第921掷弹兵团第2营残部组成战斗群，一道撤退。这场战斗使西侧的德军防御力量消耗殆尽，同时使美军第8步兵团第2营和第3营得以提前进入埃鲁德维尔外围，并在当晚占领了勒昂-蒙特布尔公路旁的制高点。完成任务后，美军第8步兵团接到命令，在此建立防线。与此同时，第9步兵师下辖的其他步兵团则齐头并进，准备打通从蒙特布尔东进的道路。

为期三天的勒昂-蒙特布尔公路高地争夺战，只是瑟堡港口战役中的一段小插曲。自D日登陆到8月1日这7周时间里，美军第4步兵师付出了10396人伤亡的代价，其中9282人属于战斗伤亡。绝大多数伤亡都发生在步兵连中——多数步兵连在6—7月间的战斗中伤亡率都达到了100%。德军的伤亡率同样很高，第7集团军直属突击营和第919掷弹兵团损失殆尽。这场战斗是一次联合作战。野战火炮支援对德军的防御作战尤为重要，特别是在6月8日前方阵地守军实力不济的情况下，其重要性进一步凸显。而美军方面，6月9—10日，由于步兵部队受地形阻碍无法进行迂回行动，坦克部队的支援对突破德军防线起到了至关重要的作用。1944年6月初，美军的步坦协同战术还处于相对"稚嫩"的阶段。此外，坦克与步兵间无线电通信不畅的情况也持续了好几周。

沙恩霍斯特防线的战斗

1944 年 10 月 2—3 日

战斗背景

1944 年 9 月的第二个星期，美国陆军第 1 集团军所辖部队陆续抵达对德作战前线，并多次向"大西洋防线"实施穿插，如入无人之境。边境城市亚琛被盟军从南面包围，美军计划在 10 月的第一个星期从北面对亚琛完成合围。这时，德军重整"大西洋防线"，加强了防御力量，迫使美军必须集中力量发动一次突击。这次行动采用了典型的"美军模式"，由第 30 步兵师的一个团在德军防线上打开突破口，再投

◀ 自美军第 117 步兵团 A 连视角拍摄的照片，德军的 5 号碉堡位于画面中间

二战巅峰对决：德国步兵 VS 美国步兵

入第 2 装甲师将突破口进一步扩大。本章聚焦于 1944 年 10 月 2—3 日行动开始之时，双方在帕伦贝格（Palenberg）南部的营级作战行动。

1944 年 9 月，美军第 30 步兵师有 1680 人伤亡，同时陆续接收了 1283 名补充兵。当月，第 117 步兵团第 1 营 A 连有 130 人伤亡，该连满编 187 人，但实际上进攻之初还有 20 多人的缺额。第 117 步兵团中历史最悠久的作战单位就是第 1 营，其整体缺额达 100 人左右。约翰·肯特上尉（John Kent）指挥的第 1 营 A 连有 7 天时间为作战任务做准备，其中包括渡河与攻击碉堡这样的特殊训练。A 连中有很多毫无实战经验的补充兵，而此前在英国接受过训练的突击队此时已经损失殆尽。因此，贴近实战需求的训练是至关重要的。为发动这次攻击，A 连装备了两种专用武器：火焰喷射器和杆状爆破装置。该连下辖的每个排都有一个受过攻坚训练的 16 人突击分队。作战行动准备期间，第 1 营派出巡逻队沿乌尔姆河（Wurm River）巡逻，试图寻找理想的突破口。到攻击开始前几天，一个装备 155mm 口径 M12 自行火炮的美军炮兵营，从己方一侧向视距范围内的 7 座德军碉堡发起炮击，他们声称发射了 55 发炮弹，其中 17 发命中。然而，155mm 口径炮弹对德军钢筋混凝土碉堡的毁伤效果着实有限，最终只损毁了碉堡的一些射击孔，以及布置在碉堡外的机枪巢和战壕。

美军第 117 步兵团第 1 营面对的敌人是德军第 183 国民掷弹兵师第 330 掷弹兵团。1944 年 9 月中旬，第 183 国民掷弹兵师驻守在"大

► 1944 年 10 月 2 日，美军在攻占帕伦贝格的"西墙"碉堡后拍下的碉堡内部照片。图中左侧是用于防御毒气的空气过滤装置，中间是用来与其他碉堡通信的野战电话

沙恩霍斯特防线的战斗

西洋防线"一带，截至当年10月初共有448人伤亡。10月2日，该师共编有10834人，接近满编。而其下辖的第330掷弹兵团，由汉姆富勒中校（Hamfler）指挥，只有两个营共1137人，部署在宽达3mile的前线上。第1营部署在盖伦基兴（Geilenkirchen）的正南，由布哈伏格上尉（Buhvogel）指挥；第2营部署在巴赫-帕伦贝格（Übach-Palenberg）一线，由盖辛格上尉（Geisinger）指挥。上述地域正处于美军第117步兵团的主要攻击范围内。而这些部署地都处于沙恩霍斯特防线上，该防线是亚琛地区"大西洋防线"的前沿阵地，其后靠东的位置还有希尔防线（Schill Line）。9月30日，第42堡垒机枪营编入第330装甲掷弹兵团，进驻防线上的碉堡中。在美军第117步兵团第1营的进攻区域里，德军的9座碉堡共装备11挺重机枪。第183国民掷弹兵师的指挥官沃尔夫冈·兰格中将（Wolfgang Lange），预判美军的攻击会集中在靠北的盖伦基兴一带，因此在那里部署了强大的兵力，包括装备了14辆"追猎者"（Hetzer）坦克歼击车的师属突击炮连。发起主攻的前一天，美军采取了欺骗战术，第29师在盖伦基兴以北发起了佯攻，这使兰格中将对自己的错误判断更加深信不疑。

美军第117步兵团第1营的计划是以B连和C连为先头部队，攻击约1000yd宽的狭窄正面防线，A连留作预备队。D连是一个重武器连，此时被一分为二，一半兵力在北面提供火力支援，另一半兵力负责南面。

◀ 在对沙恩霍斯特防线展开进攻前，美军第117步兵团第1营制作了一个帕伦贝格地区的大型沙盘。这幅照片展现的是营长罗伯特·弗兰克兰中校正与各连连长讨论作战计划。从左至右依次为：弗兰克兰营长、营部连连长克利福德·弗甲寻卜尉、A连连长约翰·肯特上尉、D连连长斯坦利·库珀上尉、B连连长罗伯特·斯派克上尉以及C连连长莫里斯·斯托弗尔上尉

1944年10月2—3日,德军第330掷弹兵团第2营与美军第117步兵团第1营在沙恩霍斯特防线的战斗

地图索引

① **10月2日,上午11时**:美军第117步兵团离开阵地,B连和C连作为先头部队,A连作为营预备队留在阵地附近。

② **10月2日,上午晚些时候**:美军在乌尔姆河上匆匆建起步兵突击桥,先头部队加速通过,这抵消了美军步兵在德军榴弹炮和迫击炮轰击下的火力劣势。他们试图搭乘坦克渡河,但因河流两岸地面过于泥泞没能成功。

③ **10月2日,上午晚些时候**:美军第117步兵团C连向铁路路基方向移动时,遭到德军榴弹炮和迫击炮的轰击,伤亡惨重。

④ **10月2日,上午11时45分**:美军B连到达铁路路基,有若干人在途中伤亡。

⑤ **10月2日,下午**:由于美军C连损失严重,A连接到命令接替C连,攻击大部队前进方向右翼的德军碉堡。行动中使用了B连的突击桥。

⑥ **10月2日,下午**:美军B连1排攻击德军10号碉堡,随后又将注意力转向6号和2号碉堡。

⑦ **10月2日,下午**:美军B连2排攻击德军3号和7号碉堡。

⑧ **10月2日,下午**:遭到马林贝格(Marienberg)和帕伦贝格(Palenberg)附近德军轻武器和迫击炮的攻击后,美军B连2排艰难地接近并拿下了4号碉堡。

⑨ **10月2日,下午**:美军A连先向德军5号碉堡发起进攻,然后推进到已经被B连烧毁的6号碉堡处。

⑩ **10月2日,下午**:美军A连进攻德军8号碉堡。该碉堡伪装成农场建筑,美军进攻时使用了巴祖卡火箭筒。

⑪ **10月2日,黄昏**:攻克碉堡一线后,美军第117步兵团第1营建立了防线,以防德军发动反攻。A连在帕伦贝格以南挖掘了散兵坑,B连和C连则在镇子边缘建立了防线。

⑫ **10月3日,凌晨3时30分**:德军第49步兵师的施拉德集群(Gruppe Schrader)接近美军A连的外围防线。两辆随行的"灰熊"突击炮向美军防线开火,突入帕伦贝格,但最终被巴祖卡火箭筒击退。

⑬ **10月3日,黎明**:被驱走的德军"灰熊"突击炮发起反攻,向美军防线以南的森林倾泻炮弹,此举意外导致据守于此的来自施拉德集群的100名德军士兵投降。

战场环境

战场地理环境主要为开阔的农田,农田中散布着一些工业市镇及多座煤矿。这片区域路网密集,与铁路相关的建筑也很多。10月2日最初的战斗发生在乌尔姆河沿岸,这一带灌木丛生。9月29日至10月1日间持续降雨,因此河堤上的土地泥泞不堪。战斗开始当天,秋高气爽,万里无云。低气压从北海(位于不列颠岛、欧洲大陆和斯堪的纳维亚半岛之间的大西洋海域,译者注)开始移动,带来了阵阵微风。战斗结束后,秋雨再次到来。

▼ 自帕伦贝格外围德军碉堡视角拍摄的美军第117步兵团进攻照片。实际上,这张照片是战斗结束后为完成战斗报告拍摄的,图中的几名士兵是配合拍摄特意摆出了作战姿态。可见,铁路路基在照片中央,此外还能看到第117步兵团的进攻发起地——斯海彭泽尔(Scherpenseel)的教堂尖顶。从铁路路基到右上方的这片开阔地就是C连遭到德军榴弹炮攻击的位置。

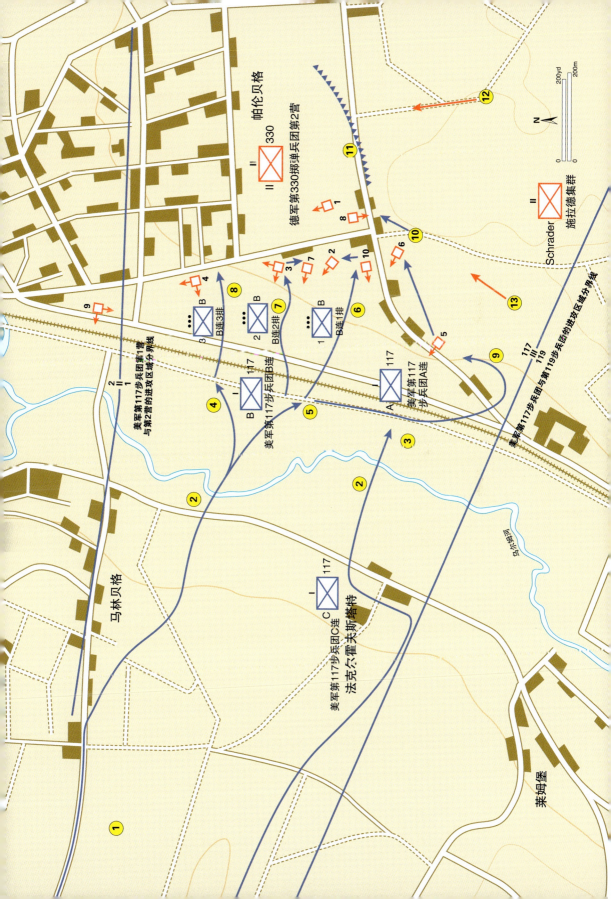

二战巅峰对决：德国步兵 VS 美国步兵

投入战斗

　　10月2日展开攻势前，美军首先进行炮火准备，向德军防线发起空袭和炮击，但空袭很难有效毁伤德军碉堡。当日，美军野战火炮射出将近5000发炮弹。与此同时，德军野战火炮也在反击，但他们的105mm口径轻型野战榴弹炮每天只有20发/门的炮弹配额，重型野战火炮更是只有可怜的10发/门。清晨过后，薄雾散去，美军于上午11时许正式发起攻击。他们面对的第一道障碍是乌尔姆河，这条河宽15~20ft，深3~4ft。美军的两个先锋连得到师部工程师的支援，利用遮泥板和梯子搭建了应急突击桥，得以快速通过河道。

　　美军B连每5分钟就会得到100yd外第118野战火炮营的炮火齐射支援。当B连的推进速度明显比预期快时，前沿火炮观察员就会协调火炮射击。同时，4.2in（106mm）口径和81mm口径迫击炮也提供了火力支援。B连的进攻区域内有9座碉堡和约两个连的德军步兵。10月2日，B连处于满编状态，由西弗吉尼亚州立大学后备军官训练团毕业的罗伯特·斯派克上尉（Robert Spiker）指挥。斯派克的上级指挥官对他有如下评价："斯派克作为一名指挥官的优点是严格执行命令，冷静，做事相当有效率。"B连2排指挥官，唐·波顿中尉（Don Borton），率先指挥部队渡河。涉水渡河后，2排在乌尔姆河东岸立起一把梯子，以便搭建突击桥。东岸的11名德军士兵在美军渡河后立刻投降，他们说自己不是德国人，而是波兰人。正当B连渡河时，C连在开阔地上遭到德军炮火的猛烈轰击，一小时内就有87人伤亡，将近全连员额的一半。

　　美军D连的重机枪班跟进射击，为精确瞄准德军碉堡的射击孔，他们首先发射了曳光弹，不幸的是此举导致他们位置暴露，8挺重机

▼ 10月2日一早，美军第117步兵团B连开始进攻，左侧的城镇是帕伦贝格，远处像两座山的物体是附近煤矿的煤矸石堆。B连将用来搭突击桥的道板藏在了右侧的干草堆里

沙恩霍斯特防线的战斗

枪中的 5 挺都被德军迫击炮击毁。同时,碍于两侧河岸过于泥泞,美军第 743 坦克营的 M4 中型坦克没能按计划渡河支援步兵作战。

行动开始,美军 B 连 2 排处于左翼,1 排处于右翼。2 排向德军 3 号和 7 号碉堡(德军称 5.3 号碉堡和 5.2 号碉堡)发起攻击,同时,在位于铁路路基的 D 连机枪和 60mm 口径迫击炮的支援下,1 排向德军 2 号碉堡(5.604 号碉堡)发起攻击。尽管机枪和迫击炮无法对碉堡形成有效毁伤,但迫使附近战壕里的许多德军步兵龟缩进碉堡中。在支援组对德军碉堡实施有效的火力压制后,美军突击分队开始边推进边摧毁碉堡。二等兵布伦特·尤尼斯(Brent Youenes)是出身美国陆军专业训练计划的补充兵,他奉命使用火焰喷射器攻击 10 号碉堡(5.4 号碉堡)。尤尼斯对 10 号碉堡射击孔进行两次喷射后,二等兵威利斯·詹金斯(Willis Jenkins)顺势冲出,将杆状爆破装置扔进开放的射击孔内。随着一声巨响,10 号碉堡成为美军摧毁的第一座碉堡,幸存的德军士兵中有 5 人投降。接着,1 排的突击队向北行进至 2 号碉堡(5.604 号碉堡)处。与此同时,他们发现南面有动静,一支友军小队正用炸药包和手榴弹攻击 6 号碉堡(5.13 号碉堡)。于是,1 排突击队改变行进方向,转而支援友军攻击 6 号碉堡。二等兵詹姆斯·史密斯(James Smith)试图用火焰喷射器点燃 6 号碉堡,不料喷射器突现故障。此时,一名德军军官从碉堡中迅速冲出,用手枪击杀了史密斯,但随后他也被赶来支援的美军步兵击毙。

接着,美军又以杆状爆破装置和手榴弹攻克了 2 号碉堡。此时,2 排突击队的 16 名官兵正在攻击 3 号碉堡和 7 号碉堡(5.3 号碉堡和 5.2 号碉堡)。这两座碉堡都遭到美军杆状爆破装置的攻击,但 7 号碉堡的守军藏在相对安全的内部隔间里。美军只能向他们喊话,威胁称如果不投降就用火焰喷射器烧死他们,至此这些守军才缴械投降。

二战巅峰对决：德国步兵 VS 美国步兵

最后一个碉堡——4号碉堡（4.261号碉堡）是第117步兵团B连3排的目标。在德军榴弹炮和迫击炮的打击下，3排蒙受了一定损失，指挥官也受伤了。4号碉堡相较其他碉堡更坚固，美军攻击时使用火焰喷射器对其射击孔进行了多次喷射，并将杆状爆破装置和集束手榴弹扔进后门。奇怪的是，直到第一轮攻击结束差不多15分钟后，才有10名德军士兵因碉堡内弹药着火被呛了出来。在攻击德军碉堡的过程中，美军B连突击队有2人阵亡，8人受伤，3排和重武器排共有1人阵亡，18人受伤。德军没有伤亡记录，但实际上有超过100人伤亡或被俘。美军的一份作战报告指出："敌军步兵素质参差不齐，其中有些狂热分子，但很多要么太老，要么太年轻，一些人年老体弱，或者茫然无措，多数会在进行短暂抵抗后表现出投降意愿。"

鉴于C连在向乌尔姆河推进时伤亡惨重，团指挥官罗伯特·E.弗兰克兰中校（Robert E. Frankland）决定派出预备队，让约翰·E.肯特上尉（John E. Kent）指挥的A连接替C连执行任务，并由2排打头，各排依次过河。他们在接近河岸的过程中遭到德军火炮轰击，于是，肯特上尉命令部队向右转，进入有树木覆盖的3排防区。随后，肯特上尉又命令2排指挥官约翰斯顿中尉（Johnston）渡河后立刻向德军碉堡发起攻击。约翰斯顿中尉原本是空军候补军官，刚刚调到步兵部队，因此之前的指挥工作一直由排里的技术中士瑞维尔（Revier）承担，但瑞维尔在当天早上的战斗中被炮弹击伤。约翰斯顿告诉肯特，他没有带领部队完成任务的能力。肯特转而找到3排指挥官西奥多·富特中尉（Theodore Foote），命令他拿下5号和6号碉堡。

富特于1924年出生在得克萨斯州的斯蒂芬斯（Stephens），1944年8月加入第117步兵团A连。沙恩霍斯特防线的战斗结束后，富特接受了一位战史专家的采访，并提出了自己的领导准则："绳子是推不动的，你只能拉动它。"富特的上级指挥官后来这样描述他：

> "富特不像一个领导者。他是一个矮小、苗条、嗓音尖锐的男孩儿。他说话时听上去就像被自己的影子吓到一样，完全不像一般的得克萨斯人那样粗声粗气。他是一名年轻的军官，从本宁堡后备军官学校毕业仅仅11个月。他以身作则领导部队，从没有施展别的手段。"

A连由树林中迂回而出，迅速冲向河岸。德军火炮此时开始向树林倾泻弹药，但为时已晚，并没能对A连形成有效阻滞。在机枪火力的持续掩护下，A连先用三分钟时间抵达河岸，然后又用三分钟从

沙恩霍斯特防线的战斗

B 连搭建的突击桥上通过,最后到达对岸的铁路路基下方。A 连在推进过程中产生的人员伤亡,主要是德军碉堡和碉堡周围火力点中的机枪造成的,还有一些则是南面德军阵地的火力点造成的。富特带领 3 排越过铁路路基,并命令士兵们边行进边开火。

3 排集中火力攻击 5 号碉堡(5.18 号碉堡),在 BAR 自动步枪的掩护下,两个支援小组靠近德军防线。攻击发起前,火焰喷射器操作手打手势表示他的喷射器出了问题——性能不稳定的 M1A1 火焰喷射器经常会像这样"掉链子"。富特带领 6 人突击队攻击 5 号碉堡。此时,他们用来攻击碉堡的武器只剩下二等兵马尔文·斯罗金(Marvin Sirokin)手中的杆状爆破装置,以及一等兵格斯·潘塔佐普洛斯(Gus Pantazopulos)的巴祖卡火箭筒。调到步兵部队前,这位 38 岁的希腊移民在胡德堡反坦克学校接受过巴祖卡火箭筒的操作训练。他对巴祖卡火箭筒爱不释手,而且精通操作之道。潘塔佐晋洛斯爬到距离 5 号碉堡射击孔 20ft 的位置,对两个射击孔各发射了一枚火箭弹。自西侧射击孔打进去的火箭弹在碉堡的防护钢板上撕开一道口子。浓烟尚未散去,斯罗金便从隐蔽处跃出,将杆状爆破装置从钢板破口处扔进了碉堡。爆炸过后,其他人一拥而上,接连向碉堡内扔手榴弹。碉堡中的一名德军士兵将其中一枚手榴弹又扔了出来,炸伤了富特的脸。在富特恢复清醒前,技术士官弗兰西斯·班纳(Francis Banner)暂时代替他指挥 3 排作战。

▼ 美军第 117 步兵团 A 连 3 排的巴祖卡火箭筒小组击毁了德军碉堡,图示为射手一等兵格斯·潘塔佐普洛斯与装弹手罗素·马丁下士

战斗情景回顾

5号碉堡的战斗

德军情况： 5号碉堡（5.18号碉堡）由专门执行守备任务的第42守备机枪营下属单位驻守。这支部队于1944年夏末匆匆组建，主要部署在"大西洋防线"的碉堡中。这些碉堡的射击孔与新式的MG42机枪不匹配，却能与第42守备机枪营装备的老式机枪较好兼容，这使这支原本不被重视的部队地位陡升。5号碉堡的型号已经无从查证，但可以确定它有两个射击孔。这些碉堡都有两个为机枪准备的战斗室，还有一个与战斗室分开布置的居住区。各碉堡中的守军通过野战电话与其他碉堡形成通信网，同时与附近的炮兵单位保持联络。碉堡外的守军来自盖斯格尔中校（Geisinger）指挥的第330掷弹兵团第2营。在德军的战术准则中，碉堡可以在敌人进行炮火准备时有效保护藏匿其中的步兵，而一旦敌步兵接近碉堡，己方步兵就应冲出碉堡，进入周围的战壕中保护碉堡。1944年10月2日，在碉堡附近有将近一个班的德军步兵，他们拥有至少两个机枪火力点。总之，德军在10月2日战斗中暴露出的主要问题之一，就是缺乏实战经验的步兵大多龟缩在碉堡中，而不是在外围战壕中保护阵地。

美军情况： 西奥多·富特中尉指挥的第117步兵团A连3排集中火力攻击5号碉堡。3排官兵们得到了来自D连0.30in口径机枪和60mm口径迫击炮的火力支援，D连是1营的重武器连。安德伍德中士带领自己的队伍接近碉堡，并部署了一支BAR自动步枪和数名步兵，当左翼的特里普莱特下士集中火力攻击碉堡射击孔时，安德伍德的队伍负责进行火力压制。在友军掩护下，富特中尉带领爆破小组接近碉堡，他们利用弹坑和地形的掩护不断前进，到达距碉堡20~30yd的位置。碉堡进入火箭筒射程后，一等兵格斯·潘塔佐普洛斯向两个射击孔各发射了一枚巴祖卡火箭弹，没等浓烟散尽，二等兵斯罗金就从碉堡附近的弹坑掩体中跃出，向碉堡破口掷出一个杆状爆破装置。爆炸过后，突击队的其他官兵迅速冲向碉堡，并向其扔手榴弹。同时，3排其他官兵向周边的战壕发起冲击，以全面肃清德军防线。

沙恩霍斯特防线的战斗

美军的下一个攻击目标是伪装成农场建筑的 8 号碉堡（10 号碉堡）。富特指挥的 3 排在得到 C 连的兵力支援后，开始冒着德军的迫击炮弹向 8 号碉堡发起攻势。突击队首当其冲，潘塔佐普洛斯又用了两枚火箭弹，成功在碉堡上炸开了破口。黄昏时，第 117 步兵团 A 连为防备德军反击，在帕伦贝格以南一线建起防线。肯特上尉在"大西洋防线"上的一个碉堡中设立了指挥部，但糟糕的是德军恰好在附近部署了一门 37mm 口径高射炮，整晚都在轰击碉堡顶部，给指挥工作带来了很大干扰。由于情报显示德军高射炮藏身的树林中也有友军活动，肯特迟迟没有呼叫炮兵支援。

10 月 2 日晚些时候，德军第 183 国民掷弹兵师接到收复"大西洋防线"，并将美军第 30 师逼退至乌尔姆河对岸的命令。鉴于美军第 117 步兵团的突破行动发生在两个德军师防线的交界地带，位于第 183 国民掷弹兵师南方的第 49 步兵师接到命令，抽调出一个营级战斗部队，即以第 148 掷弹兵团的 3 个连为基础组建的施拉德战斗群，投入对美军的反击行动。在第 217 突击榴弹炮营的少量"灰熊"式突击炮的支援下，施拉德战斗群自南部发起攻击，其中一部分于 10 月 3 日清晨首先向第 117 步兵团 A 连发起攻势。两辆"灰熊"式突击炮与约 20 名步兵前进至距美军阵地外沿散兵坑几英尺的位置时，开始向帕伦贝格方向开火。美军防线纵深处的巴祖卡火箭筒分队向其中一辆"灰熊"式突击炮发射了火箭弹，迫使这辆"灰熊"式突击炮掉头撤退。一阵猛烈交火后，7 名德军步兵阵亡，幸存的德军步兵随"灰熊"式突击炮后撤。他们同时用机枪和火炮继续向美军散兵坑开火，直至被火箭弹驱离到更远的地方。反击行动失败后，德军的"灰熊"式突击炮原地留守。日出后，德军突击炮开始向附近的树林射击，孰料却意外导致滞留其中的约 100 名德军官兵悉数向美军投降，这无疑令美军喜出望外。战后的美军作战报告指出，如果德军的这股兵力能与施拉德战斗群的其他部队协同作战，那么他们当天晚上就有可能横扫 A 连的阵地。

◀ 美军第 117 步兵团将 10 月 2 日俘虏的德军官兵押到帕伦贝格的一处院子里集中看管

二战巅峰对决：德国步兵 VS 美国步兵

◀ 前页图：美军第117步兵团A连3排的突击组，这幅合影是进攻次日拍摄的。后排中间是西奥多·富特中尉，他后来因在帕伦贝格的战斗中身先士卒而荣获银星勋章

整场反击战中，施拉德战斗群共损失约100人。其中，来自第148掷弹兵团5连的约80人都被美军抓了俘虏。截至10月3日零时前，美军第30步兵师又俘虏了来自德军第330掷弹兵团的超过148名官兵。10月7日，美军再次俘虏了来自德军第183国民掷弹兵师的1042名官兵，以及来自第49步兵师的883名官兵。反观美军方面，第117步兵团A连10月2日仅阵亡1人，另有15人受伤，次日又有13人受伤。截至10月7日，第117步兵团全团的伤亡人数为473人。

10月2日的沙恩霍斯特防线战斗只是第二次亚琛战役的开端。美军开展了长达两星期的激烈战斗，直到10月16日才对亚琛完成合围。10月21日，美军占领亚琛——这是第一个落入盟军手中的德国城市。10月2—3日，盟军成功突破沙恩霍斯特防线，这要拜历经战阵的美军步兵师稳扎稳打的战术所赐。第117步兵团的军官们很清楚，德军已经抢占乌尔姆河沿岸要地，唯一可能降低炮击伤亡率的办法，就是在德军前沿观察所将炮火引向他们之前迅速转移。实战证明这一战术多数情况下都能奏效，只有倒霉的C连陷入了德军炮火的围堵。美军对德军碉堡的突击战术可谓立竿见影，这一方面要归功于战前的实战化训练，另一方面则要归功于野战火炮和班组重武器的协同火力封锁，正是它们迫使德军士兵龟缩在碉堡之中。显然，德军这次在沙恩霍斯特防线开展的防御战可谓糟糕透顶，这很大程度上要归咎于守军临阵处置不当，而步兵和守备部队的战斗素养也着实一般。除榴弹炮和迫击炮外，德军就没有在沿河一带部署什么像样的防御力量，因此美军的渡河过程根本没有受到多少袭扰。德军火炮观察所居高临下，可以俯瞰渡口和碉堡，位置十分优越，只可惜炮火调动速度太慢，无力阻止美军向碉堡一线快速推进。

▶ 帕伦贝格一带的部分"西墙"碉堡伪装成了住宅或农场建筑的样子，例如美军第119步兵团遇到的这座碉堡就经过了类似伪装

克林凯尔特森林的战斗

1944 年 12 月 16 日

战斗背景

德军在进攻阿登高地的战役中采取了战争后期惯用的战术，即用步兵师肃清防线缺口，之后用装甲师进行突破，以扩大战果。阿登战役中，德军的主攻方向（Schwerpunkt）上是右翼的第 6 装甲集团军，其先导部队是党卫军第 1 装甲军。第一波攻势动用了三个步兵师，意图在美军防线上打开缺口。本章讲述的是战役首日，在德军第 277 国民掷弹兵师部分单位与美军第 99 步兵师下属第 393 步兵团之间发生的战斗。

阿登战役伊始，德军第 277 国民掷弹兵师还保有 75%~80% 的兵力，但兵员普遍没有接受足够训练，下级军官和军士缺额较大，且装备严重短缺。该师战斗力等级为 3，只适合执行防御作战任务。1944 年 11 月，第 277 国民掷弹兵师部署在阿登地区的"大西洋防线"上。战役中，该师的任务是肃清 A 主干道——这是一条从霍勒拉特（Hollerath）出发，途经克林凯尔特森林（Krinkelterwald），通向克林凯尔特与罗赫拉特（Rocherath）两村交叉路口的林间小道——同时占领克林凯尔特和罗赫拉特，再进一步向韦尔维耶（Verviers）方向的艾森伯恩山脉（Elsenborn Ridge）进发。参战的另外两个师，第 12 国民掷弹兵师和第 3 伞兵师，负责打通南方的其他交通线，为党卫军第

二战巅峰对决：德国步兵 VS 美国步兵

▶ 对页图：1944—1945年冬季，西线德军的一处连指挥部

12装甲师向列日市（Liége）突击做准备。

出于保密目的，第277国民掷弹兵师并未对美军阵地进行任何形式的侦察，只有团级指挥官才知晓行动目标和少量细节。12月14日，该师进入阵地，其下属第989掷弹兵团部署在环绕霍勒拉特的"大西洋防线"碉堡附近，第990掷弹兵团则部署在德布莱斯（Udenbreth）一带。上级派遣了一个突击炮旅支援第277国民掷弹兵师，但该旅并未按时到达。一部分突击炮最终于12月16日晚抵达，不过此时战斗早已打响。

▼ 美军第393步兵团的两名士兵正在克林凯尔特森林作战

1944年12月16日，德军第989掷弹兵团与美军第393步兵团在克林凯尔特森林的战斗

地图索引

1 **早7时**：德军进行炮火准备，第989掷弹兵团第1营攻占了由美军第393步兵团K连下属两个排驻守的阵地。

2 **早7时**：德军第990装甲掷弹兵团发起攻击，但这波攻势在接近美军防线前就被密集的反击火力瓦解。第990掷弹兵团在8:00—8:30间再次发起攻击，突破了美军第393步兵团C连驻守的防线。

3 **约7时45分**：美军第393步兵团K连残部撤退至连指挥部。

4 **8时15分**：杰克·艾伦中校（Jack Allen）命令第393步兵团L连2排撤退，在后方重建防线，该部遭德军重创。

5 **约8时45分**：杰克·艾伦中校命令第393步兵团L连向防区南部转移。

6 **9时后**：德军第989掷弹兵团指挥官格奥尔格·菲格上校命令第2营在始发阵地右侧再次发起攻击，此举给美军第393步兵团第3营造成了更大压力。

7 **约9时30分**：德军第991掷弹兵团自雷姆沙伊德（Remscheid）向西南方向进攻，与美军第393步兵团B连左翼的两个排交火。

8 **10时**：美军第393步兵团A连为支援B连实施了一次反击，将德军逼退了300yd。

9 **10时15分**：美军第393步兵团C连左翼排的阵地被德军攻克，该连指挥部也遭到攻击。

10 **约11时**：杰克·艾伦中校指挥第393步兵团第1营撤退至营指挥部所在区域。

11 **上午晚些时候**：美军第393步兵团的布雷排与一些营部人员一道在C连指挥部附近发动刺刀冲锋，稳定了己方防线。

12 **约14时**：团指挥部通知杰克·艾伦中校，上级已将第394步兵团I连调来支援作战。

13 **16时**：美军第394步兵团I连抵达战场，开始着手稳固己方防线。

14 **傍晚时分**：党卫军第25装甲掷弹兵团第1营从之前在美军防线上打开的缺口向纵深突破，推进到位于克林凯尔特森林西部的罗赫拉特村（Rocherath）对面。

战场环境

美军的阵地设在以松树为主的森林地带。德军穿越开阔的农田向森林方向进攻。这片地区的森林中鲜有像样的公路，但与几乎保持生态原貌的许特根森林不同，这里的森林已经经过采伐，因此地面障碍物相对较少。为方便原木运输，森林中的许多区域都分布着整齐的植成一列的次生林，树下的灌木很少。采伐工作在森林中留下大量的运木小路和便道。这一地区早冬时节的气温通常在零度徘徊，土地结冻不深，还不能形成积雪。此外，森林中气候潮湿，经常雨雪交加，清晨一般会有雾。降下的雪有时会在背阴的地面积存，而在光照较好的地面上，雪很快就会融化。这一年秋季的降雨情况不同以往，显得更为频繁，因此田地里泥泞不堪，多数车辆都无法在田地中行驶。

▼ 图示为美军第99步兵师在克林凯尔特森林构筑的一处经过原木加强的散兵坑。这样的散兵坑能确保步兵不被凌空爆炸的炮弹和四处纷飞的碎木屑所伤

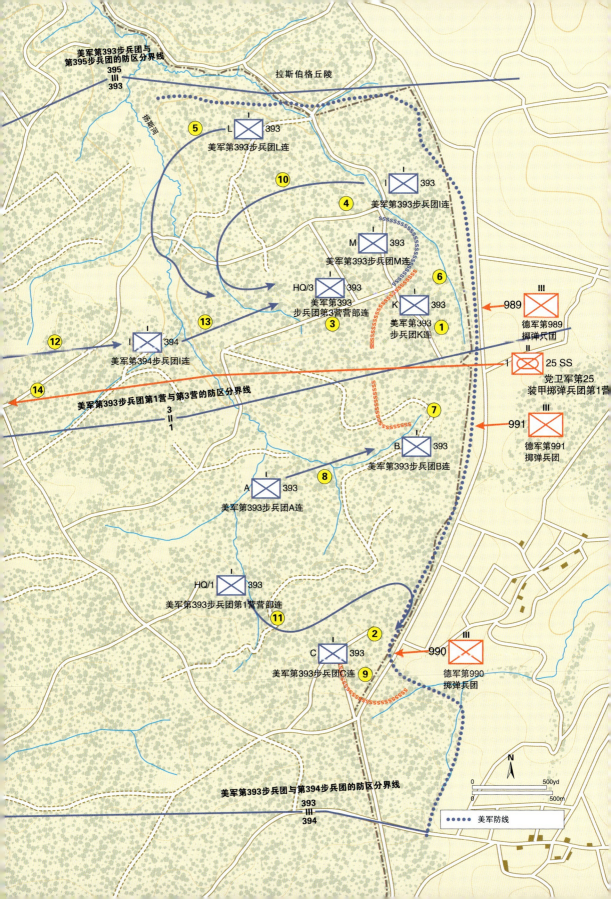

二战巅峰对决：德国步兵 VS 美国步兵

投入战斗

1944 年 12 月 16 日凌晨，"秋日迷雾"行动（德文 Herbstnebel，英文 Autumn Mist）拉开序幕，德军以针对美军阵地的猛烈炮击开场。这次炮击先以美军后方阵地为目标，然后逐渐前移，最后覆盖跨国公路附近的美军阵地，一直持续到早 7 时左右。此时，探照灯的光柱穿过低空云层照亮了森林。德军的炮火对美军前方各营与师指挥部之间的野战电话网络造成了严重破坏。值得庆幸的是，由于很多炮弹都在杉树的树冠上爆炸了，炮击对美军前线阵地反而没有造成太大影响。此外，由于炮击最初针对后方阵地，美军前线各营的官兵有充足的时间躲进顶部加盖的战壕里。

在格奥尔·菲格上校（Georg Fieger）的指挥下，德军第 989 掷弹兵团准备从霍勒拉特附近的碉堡进发到施瓦岑布赫小径（Schwarzenburch trail）。这片区域的森林中没有真正的公路，但与未经采伐的许特根森林不同的是，这里曾进行过采伐作业，因此有很多运木小路和便道，还有少量灌木丛。鉴于特殊的森林地貌，菲格决定将手下的两个营排成纵队，第 989 掷弹兵团第 1 营在前发动进攻。炮击停止后不久，德军步兵就向着美军第 393 步兵团第 3 营右翼防线扑了上去，很快全歼了该团 K 连的两个排，同时包围了 K 连剩下的一个排和两个迫击炮班。K 连指挥官史蒂芬·普卢姆上尉（Stephen Plume）报告称："整个右翼在德军的第一次冲击下就全军覆没了，全连官兵不是阵亡就是被俘。"普卢姆命令 K 连残部撤退到连指挥部附

▶ 1944 年 12 月 13 日，在克林凯尔特森林作战的美军士兵，他们来自第 2 步兵师下属第 9 步兵团。当时，他们正在开展另一次针对罗尔河大坝的进攻行动。经验老到的第 2 步兵师部署在第 6 步兵师后方，他们成功挫败了德国第 6 集团军向艾森伯恩山脉的突破行动，那里是阿登战役的关键战区之一

克林凯尔特森林的战斗

近。早 8 时 15 分,营指挥官杰克·艾伦中校命令作为营预备队的第 393 团 L 连 2 排撤退并建立后方防线,但 2 排遭到德军先头部队的沉重打击,短暂交火后便减员 25%。研究当前局势后,艾伦命令 L 连残部向防区南部转移。L 连向东南方转移时,与渗透进森林中的大批德军遭遇,因此不得不转向西方,撤至营指挥部后方的带状防御阵地中。

上午 9 时 15—30 分,一支为数不少的德军部队抵达美军第 393 步兵团第 3 营指挥部外围。于是,连厨师和文书这样的营部后勤人员也不得不走上防线,参与到防御战中。来自 L 连的援军于 10 时 15 分左右赶到,但 3 营指挥部仍然没能解围,继续承受着巨大的防御压力。好在不少德军官兵并没有参加包围战,而是继续向西边的目标渗透。上午 11 时左右,艾伦命令 I 连后退至营指挥部。临近中午时,由于战斗减员过多,德军第 989 掷弹兵团第 1 营的攻势逐渐减弱。军

◀ 德国国防军第 277 国民掷弹兵师的一名年轻军官,在阿登战役开始前,该师的多数官兵都像他一样已经领到了冬装

官和士官的损失所带来的影响尤为严重。这支部队原本就缺乏实战经验，而基层指挥官试图以身作则，带头冲锋，结果导致大量指挥人员非死即伤。菲格将手下的2营派到始发阵地的右侧地带，试图再次发起进攻。

下午14时左右，艾伦得到消息，团指挥部已经调派第394步兵团I连前来支援。德军第989掷弹兵团第2营继续向前推进，第二波攻势在美军第393步兵团第3营指挥部和M连阵地前展开。M连是一个重武器连，报告称在该连阵地前有200~300名德军官兵阵亡。I连于16时左右抵达战场，开始着手稳定防线。16时30分后，德军攻势逐渐减弱。此时，美军第393步兵团第3营重新与师属炮兵部队建立起电话联系。这意味着德军再发起任何行动都会遭到美军迫击炮和榴弹炮的轰击。

与美军相形见绌的是，德军步兵连几乎失去了通信能力，因为他们的无线电台信号太弱，无法在茂密的森林中使用，而他们的野战电话网此时尚未建好。当日深夜，德军第989掷弹兵团因伤亡惨重，尤其是军官伤亡过多而无力继续进攻。该团中，一位营指挥官阵亡，另外一位身受重伤，而团指挥官更是因精神崩溃而被送往后方。与此同时，第989掷弹兵团的一部分先头部队已经前进至一英里外，抵达扬斯河（Jans stream）沿岸。然而，团指挥部却无法与这部分先头部队取得联系。总之，第989掷弹兵团此时已经丧失了战斗力。

夜幕降临时，美军第393步兵团第3营的伤亡人数已经过半，剩下的人集中在营指挥部所在的林子里，靠近M连的一段防线。德军趁机绕过该部，开始对北部和南部实施渗透。此时，第393步兵团K连的员额已经从开始时的6名军官和185名士兵，减至只剩2名军官和45名士兵。L连则减至3名军官和130名士兵。I连尚保持满额状态，即6名军官和150名士兵。M连损失了整个第1排，减员至90人。

当天早7时许，在美军第393步兵团防区南部，德军第990掷弹兵团发起攻击。第393步兵团第1营的防线在森林边缘，可以俯瞰国际公路，射界开阔。1营与师属炮兵部队保持着通信，穿越开阔地进攻的德军步兵遭到了美军重武器和野战火炮的猛烈打击，在到达美军防线前攻势就被完全瓦解。此时，美军第393步兵团B连和C连在防线的前沿，A连作为预备队。上午8时，德军第277国民掷弹兵师指挥官威廉·费比希少将（Wilhelm Viebig）命令手下为数不多的预备队也投入攻势。这支预备队由一个工兵连和第277燧发枪连组成。上午8时30分，美军第393步兵团C连报告称，德军已突破己方防线，但他们似乎只想占领阵地，而不是继续向纵深推进。

克林凯尔特森林的战斗

◀ 为了让国民掷弹兵师维持足够的火力强度，德军计划为他们配装刚刚定型的 StG44 突击步枪，但该枪的实际产量严重不足，多数单位只能继续装备 Kar.98k 步枪

鉴于第 990 掷弹兵团进攻美军防线不力，费比希命令第 991 后备掷弹兵团自雷姆沙伊德向西南方发起进攻。上午 9 时 30 分许，他们成功席卷了美军第 393 步兵团第 3 营 B 连左翼的两个排。3 营指挥官马修·莱格勒少校（Matthew Legler）立即派出作为预备队的 A 连挽回局势。上午 10 时许，A 连发起反攻，迫使德军后退了近 300yd。尽管美军的反攻最终被猛烈的德军炮火阻滞，但他们好歹稳固了这段防线。

二战巅峰对决：德国步兵 VS 美国步兵

10时15分左右，在南部，美军第393步兵团C连左翼的排被德军全歼，连指挥部也遭到攻击。C连随后呼叫支援，但当时唯一可用的部队就只剩下团属布雷排。算上一些营部人员，美军组织了大约40人在C连指挥部附近发起刺刀冲锋，暂时稳住了局势。当日深夜，美军第393步兵团第1营防线已接近其原有阵地。尽管在两翼取得了一定进展，但德军第277国民掷弹兵师的损失异常严重，官兵们已经精疲力尽。第990掷弹兵团在此次行动中共有350人阵亡，另有580人受伤。

▼ 1944—1945年冬天，参加阿登战役的美军第99步兵师下属第393步兵团的指挥部官兵

克林凯尔特森林的反攻

战斗情景回顾

上午11时左右，美军第393步兵团右翼远端的C连指挥部遭到德军第990掷弹兵团与第277燧发枪连的攻击，已经岌岌可危。此时唯一可以动用的预备队是团属反坦克连的布雷排，由哈利·帕克中尉（Harry Parker）和25名士兵组成。这些人在第393步兵团第1营劳伦斯·达芬中尉（Lawrence Duffin）的组织下，汇同来自营部连的13名士兵，负责执行反攻任务。他们先沿C连的补给路线穿过森林，然后从跨国公路的开阔地出发，全速赶往C连指挥部。穿过树林抵达被包围的C连指挥部时，达芬发现了大股德军部队，约有三个连的兵力。面对敌众我寡的形势，达芬决定发动突袭，他与帕克命令士兵们上刺刀："像印第安勇士那样，一边呐喊一边拼命向前冲，端起刺刀！"在德军毫无防备的情况下，他们端着刺刀冲过树林，在C连指挥部的掩体和散兵坑一带与德军士兵打成一团。突袭行动非常成功，击杀了28名德军士兵，一解C连指挥部之围。随后，达芬带领反击部队占领了指挥部旁的防御阵地，力图恢复己方防线。

克林凯尔特森林的战斗

党卫军第12装甲师指挥官，党卫军上校胡戈·克拉斯（Hugo Kraas）沮丧地发现，12月16日上午第277国民掷弹兵师一波又一波的攻击并没有对美军防线形成有效渗透。由于担心部队推进受阻，当天中午，克拉斯命令阿尔方斯·奥特上尉（Alfons Ott）指挥的党卫军第25装甲掷弹兵团第1营在北部防区利用第989掷弹兵团打开的防线缺口向纵深突破。下午，1营官兵穿越森林时只遇到美军的零星抵抗，但伴随该营的反坦克排和步兵炮排的牵引车陷入泥中，难以前进。不久，他们抵达罗赫拉特对面森林的西部边界，一路上也没有遇到第989掷弹兵团的下属单位。由于无线电台在森林中的使用效果很糟糕，奥特与团部、师部都失去了联系。于是，他派出一名传令兵去协调接下来的行动。然而出乎意料的是，罗瑟勒姆的美军炮兵观察员发现了1营的动向，随即向其发起炮击，这导致奥特不得不率部退回森林中，暂时建起防线过夜。

12月16日，第277国民掷弹兵师没能在克林凯尔特森林成功渗透美军防线，这只是德军阿登反击战失败的诸多原因之一。这次进攻行动共涉及7个德军步兵营和2个美军营。美军的优势在于防线构筑完善，此外，茂密的树林也帮他们"挡"住了不少炮弹。如果德军真能用突击炮支援步兵行动，也许会对攻克美军防线有所帮助，因为从跨国公路附近的开阔地发动进攻，可以相对轻松地拿下美军南段防线。不过，第277国民掷弹兵师面临的问题可不止是缺乏装甲部队支援这么简单。

与第277国民掷弹兵师的情况形成鲜明对比的是，南部的第5装甲集团军所辖国民掷弹兵师，在没有装甲部队支援的情况下，于12月16日成功突破了美军第106步兵师在森林中的防线。两股德军部队的战果差异主要缘于战术层面的差异。迪特里希的第6装甲集团军死板遵循柏林的指示，没有对美军阵地进行事先侦察，并且在进攻前进行了猛烈的炮火准备。而曼陀菲尔的第5装甲集团军则提前对美军阵地进行了侦察，摸清了美军的布防情况，他也由此得出结论，即公开发起炮火准备对藏匿在林中阵地的美军不会有什么作用，反而会提醒他们躲进掩体里。在曼陀菲尔看来，国民掷弹兵师应该对分布松散的美军阵地采取渗透战术，而不是等着靠炮火削弱他们——这正是从第一次世界大战传承下来的德军传统步兵战术。反观第277国民掷弹兵师，战术上的教条主义，兵员战斗素养低下，以及缺乏装甲部队支援，都是导致他们在12月16日的进攻中失败的主要因素。

12月17日，面对第277国民掷弹兵师及其友邻部队的全面溃败，党卫军第12装甲师只能自己摆平眼前的美军防线，他们试图以坦克

二战巅峰对决：德国步兵 VS 美国步兵

支援装甲掷弹兵的方式进行突破。这显然是与德军传统战术理论相悖的。在德军传统战术理论的框架下，应该先突破由敌步兵驻守的坚固防线，再投入后续部队向纵深推进。第6装甲集团军为维持预定的进攻速度，完全将这一理论抛到脑后。实际上，美军的步兵防线并没有被突破。12月17日，第393步兵团撤退至克林凯尔特-罗赫拉特一线，同时得到了来自第2师的支援。此后几天，党卫军第12装甲师在这里的战斗中损失惨重，加之党卫军第1装甲师在南部的溃败，第6装甲集团军没能在进攻重点上实现突破，这无疑注定了阿登反击战的失败结局。

▼ 在克林凯尔特森林及克林凯尔特-罗赫拉特一线的战斗结束后，美军第393步兵团退回到西北方向的艾森伯恩山脉。这幅照片摄于1944年12月20日，该团官兵正在构筑新阵地

分析

第二次世界大战中，美军步兵部队的现代化程度远高于德军，尤其是火力和机动性方面，因此在整体战斗力上总能保持优势。值得玩味的是，德国宣传部门却借此将美军步兵刻画成非常依赖火炮和坦克等支援武器、过度仰仗物质优势的"贪生怕死"的形象。这说的都没错，但如果美军不用这些优势来压倒对手，那反而就太奇怪了。

▼ 这是前文提到的美军于10月2日攻克的帕伦贝格地区的一处德军碉堡，巴祖卡火箭弹打在射击孔上方造成的水泥剥落痕迹非常明显

二战巅峰对决：德国步兵 VS 美国步兵

▶ 国民掷弹兵师原计划大量装备 StG44 突击步枪，但该枪 1944 年时的产量严重不足，无法满足需求。阿登战役期间，StG44 突击步枪还是件"稀罕货"

德军的经验教训

不得不说的是，德军步兵面对着无法扭转的人力、训练和装备难题。1944 年秋，很多士官学校的学员和教员都被匆匆派往前线，而他们最终只可能充当"炮灰"的角色，这无疑扼杀了步兵部队的未来和希望。同样是 1944 年秋，大量年轻的空军及海军冗员也补充到步兵部队中。可即便如此，直到初冬时缺额问题仍然没能得到有效缓解。越是处于绝境就越容易孤注一掷，德军"搜罗"了最后一点可用的人力资源，填塞到各步兵师中，除训练程度严重不足的适龄补充兵外，还包括大量 55~60 岁的"老态龙钟"的地区民兵（Landesschützen），以及由后方地区非战斗部队组成的应急单位（Alarmheiten）。此外，陆军编制中还增加了人民冲锋队。人民冲锋队是帝国宣传部长戈培尔引以为傲的部队，因为他们是纳粹党自行组织的"乡勇团练"。戈培尔企图用政治上的狂热来"弥补"训练和武器方面的匮乏。人民冲锋队在德国东部取得了一些战果，但在德国西部却表现很糟。陆军内部普遍反对引入人民冲锋队编制，他们认为这只是在浪费武器。德国的人力资源已经被正规军榨干，而人民冲锋队招来的人要么太年轻，甚至远没到征兵年龄，要么太老迈，在需要"卖力气"的陆军中根本派不上什么用场，即便是编到民兵营里也不会有什么大作用。更令陆军部队失望的是，人民冲锋队受当地政治机关指挥，而这些"老幼残兵"在分区党部领导（Kreisleiter）的指挥下是很难在防御战中有什么像样表现的。

此时能让德国陆军暂时依靠的，也就只有按照"西墙"计划（West-Stellung program）在国境线修筑的大量堡垒工事了。让训练质量较差的部队在完备的防御阵地里作战，总比在开阔地上作战要好得多，因为堡垒工事至少能提高他们在美军大规模炮击下的生存概率。

美军的经验教训

美国陆军一直到1945年都没有对步兵师做任何系统性改革，直到战争结束后，博德将军（Board）才试探性地做出了一些调整，但他的计划对基层部队的影响也是相当有限的。1945年，为每个步兵班增配一支BAR自动步枪的计划被高层否决，但在随后的朝鲜战争中却得到推广。战争中，每个步兵排都扩编了一个装备6具2.36in口径巴祖卡火箭筒的突击队，他们主要执行反工事任务，而非原本的反坦克任务。同时，步兵武器的迭代也在有序推进。战后，M14步枪取代了M1加兰德步枪，M60通用机枪取代了BAR自动步枪。美军步兵师在组织结构上的调整改进非常有限，因为他们将更多精力放在了实战化训练上。

在美军师级作战单位中，坦克支援对联合作战至关重要。坦克单位成了步兵师的一部分，不再以营级规模临时配属给步兵师。战后，坦克歼击车的概念被彻底摒弃，师级作战单位中的坦克规模从一个营扩编到一个团。1950年，美军在朝鲜战场上部署的步兵师，与1945年的步兵师没什么两样。直到核战争的概念出现后，美军步兵部队才发生了翻天覆地的变化。

▼ 1944年7月15日，法国圣洛（Saint-Lô）附近，一名美军上尉正与排长们开会。画面近处的中尉头盔上有白色竖向条纹，这是军官的识别标识，而横向条纹代表士官。注意这名中尉还挎着一台SCR-536型步话机

▼ 在进攻沙恩霍斯特防线前，美军曾针对如何使用攻坚武器进行了集中训练，其中包括如何使用 M1A1 型火焰喷射器。实际上，像照片中这样距离较远的喷火攻击对德军"西墙"碉堡很难奏效，操作手必须要到紧贴碉堡外墙的位置向射击孔内喷火，或者在弄开碉堡门之后向碉堡内部喷火才能奏效

尾 声

早在阿登战役爆发前,西线德军就已经深陷溃败的漩涡而难以自拔。1944年夏到1945年初的诸次战役,大量消耗了德国陆军的有生力量。从1944年6月到1945年1月10日,有超过220万人伤亡。其中,东线伤亡130万人,西线伤亡约79.5万人。在此期间,每个月的伤亡数量都能达到战争头几年月均伤亡数量的两倍之多。1945年1月阿登反击战失败后,苏联红军随即在波兰发动了维斯瓦河-奥得河战役。到1945年2月初,苏军已经逼近柏林。因此,德军不得不将东线作战部队置于最高优先级。

1945年的德军部队,并没有像1918年那样出现士气崩溃的现象,他们在防御战中一直顽抗到最后一刻。然而,1944—1945年间的西线步兵师,与1940—1942年巅峰时期的步兵师相比,已经黯然失色。他们的进攻能力孱弱,甚至可以说是没有,因此很少能达到3级以上战斗等级。

1943—1944年,美军高层决定将陆军维持在90个师的规模,这对要在欧洲和太平洋两线作战的美军而言并不是一个明智的决定。阿登战役后,美军的调整重点在于维持步兵师的满编状态。他们严重低估了欧洲战场的伤亡率,导致训练有素的步兵一直处于短缺状态。然而,这与德国面临的困境相比,只能算是小巫见大巫,因为美军在欧洲战场上的技术兵种仍有大量冗员,他们完全能通过短暂的训练转化为合格的步兵。此外,艾森豪威尔将军做出了一项意义重大的决议,允许欧洲战场上因种族隔离制度只能在特定后勤单位服役的黑人士兵

尾　声

志愿进入步兵排服役。第一个黑人步兵排在 1945 年 3 月完成训练后投入战场。尽管这对缓解人力短缺问题而言只能算杯水车薪，但极大推动了美军彻底废除种族隔离制度。

◀ 对页图：1944 年秋天，由于油料短缺无法开展行动，大量德国空军和海军的冗员补充到步兵师中。图中的年轻士兵在亚琛战役中被美军俘虏，他曾经是一名海军鱼雷艇员。到 1944 年秋天，德国国防军已经愈发难以保障前线步兵师的正常补给，而诸如装甲师和装甲掷弹兵师这样的精锐部队，以及在政治上更受重视的武装党卫军各师，在人员和装备补充上的优先级相对更高

双方作战序列

德国

国民掷弹兵师编有两种形式不同的步兵团：自行车掷弹兵团（Grenadier-Regiment auf Fahrrädern）和传统的徒步掷弹兵团。两者的主要不同在于，自行车掷弹兵团装备698辆自行车，而传统步兵团只装备100辆自行车。与1943年式掷弹兵团2008人的满编员额相比，1944年式掷弹兵团的满编员额减少到1854人。

掷弹兵团由团指挥部、一个团部连、两个掷弹兵营、一个装备6门75mm口径炮和2门150mm口径炮的步兵炮连，以及一个反坦克连组成。反坦克连传统上称为第14连，装备6门75mm口径PaK 40型牵引式反坦克炮和36具"战车噩梦"（Panzerschreck）反坦克火箭筒。1944年式反坦克连则只装备72具反坦克火箭筒。1944年式掷弹兵营比1943年式规模更小，员额由708人减至642人，其下辖一个营部连、一个支援排、三个掷弹兵连，以及一个装备6门80mm口径迫击炮和4门75mm口径炮的重武器连。

在1943年12月的KStN 131n组织装备表中，德军的步兵连称为步枪连（Schützenkompanie）。编制中包括连指挥部、三个步枪排、一个迫击炮排以及一个辎重队，合计147名官兵，装备27匹马、99支步枪、16挺轻机枪和2门80mm口径迫击炮。在1944年9月发布的KStN 131V国民掷弹兵师组织装备表中，步兵连更名为掷弹兵连（Grenadier-Kompanie），保留连指挥部和三个步兵排的编制，取消了

▶ 对页图：德军士兵正在研究1944年夏季在科唐坦缴获的一些美军步兵装具

迫击炮排和辎重队，合计 119 名官兵，装备 10 匹马、46 支步枪、54 支突击步枪和 9 挺轻机枪。其中，每个排下辖排指挥部和三个班，合计 4 名士官和 29 名士兵，每个排配属 3 匹马，只有第 1 排编有一名军官。排指挥部装备两挺轻机枪，余下一挺配属第 3 班。实战中，德军一般遵循第二次世界大战爆发以来的旧编制，为每个班配属一挺 MG34 或 MG42 通用机枪，每个排共 3 挺，整个连共 9 挺。按规定，第 1 排和第 2 排应装备 5 支 Kar.98k 步枪和 26 支 StG 44 突击步枪，而第 3 排应装备 20 支 Kar.98k 步枪和 9 支 MP40 冲锋枪。

美国

美军步兵团是根据 7-11 号组织装备表的 1944 年 2 月修订版及 1944 年 6 月再修订版进行组织的。其核心编制是一个团指挥部、一个团部连、三个步兵营、一个炮兵连、一个反坦克连、一个后勤连以及医疗队，合计 3100 人。炮兵连装备 6 门 105mm 口径 M3 型榴弹炮，它比师属野战炮营装备的 105mm 口径 M2A1 型榴弹炮更紧凑、更轻。反坦克连装备 9 门 57mm 口径 M1 型反坦克炮。2.36in 口径巴祖卡火箭筒作为一种自卫武器在全团分散装备，但它经常配属到步兵排作为突击武器使用。

在 1944 年 6 月 30 日发布的再修订版组织装备表中，步兵营满编为 825 人，装备 40 辆机动车，由一个营指挥部、一个营部连、三个步兵连和一个重武器连组成。重武器连编有三个迫击炮分队，每个分队装备 2 门 81mm 口径迫击炮，全连共 6 门。此外，重武器连还编有两个机枪分队，每个分队下辖两个班，共装备 4 挺 0.30in 口径轻机枪。

步兵连满编 187 人，包括 6 名军官，由连指挥部、三个步兵排，以及一个装备 2 挺 0.30in 口径轻机枪和 3 门 60mm 口径迫击炮的重武器排组成。每个步兵排编有一名军官和 40 名士兵，由排指挥部和三个步兵班组成。每个步兵班有 12 人，包括一名班长、一名副班长、一名 BAR 自动步枪手、一名 BAR 自动步枪副枪手、一名 BAR 自动步枪弹药手，以及 7 名步兵。

参考文献

来源说明

本书遴选了三场在美德双方文献中都有据可查的小规模战斗，特意避开了从以许特根森林战斗为高潮的书中选取范例，以便进行对比研究。同时，还特意避开了任何一场1945年的战斗，因为那时德军的战斗力已经严重下降。美国方面，小规模战斗资料的最好来源是马里兰大学（University of Maryland）的国家档案与记录管理局（National Archives and Records Administration）第407记录组的《战斗采访集》（"Combat Interview" collection）。这些资料提供了比同组战报更多的细节。德国方面，出版的记录很少，外军研究所（Foreign Military Studies，FMS）的资料尽管零散，但十分珍贵。很多部队的记录都已遗失，导致1944年西线的德军师级报告详略不均。本书图片资料主要源于国家档案与记录管理局第242记录组的大批微缩胶卷。针对本书描述的三场战斗，第242记录组中有关蒙特布尔战斗的档案很详尽，有关帕伦贝格战斗的记录也比较完善，只是有关阿登战斗的内容不多。

1944—1945年，美军步兵与德军步兵的表现对比向来是存在很大争议的。在20世纪60—70年代的越南战争中，一些包括特雷弗·迪派（Trevor Dupuy）和马丁·冯·克瑞福德（Martin van Creveld）在内的修正主义学者发表了一份对美军表现呈轻蔑态度,同时将德军描述成持久防御典范的报告。一些读者乐于接受这种观点,这不仅源于当时民众的反战情绪,实际上,美军也在试图制造这样的舆论环境。美军当时正在寻求如何以少胜多,在中欧赢得一场可能与苏联发生的局部战争,而第二次世界大战中的德国国防军似乎正是值得参考的对象。但后来,这种思想激起了强烈的反对声浪,一大批像波恩、布朗、曼苏、达布勒这样的年轻美国军官进入了西点军校的历史系学习,使美国陆军的研究课题再次受到重视。我有幸在20世纪80年代举办的多次纽约军事研讨会上聆听了这些军官的见解。于是,针对1944—1945年间美国陆军的研究课题逐渐呈现出百花齐放的态势,但有关德军步兵师的资料还是很少。大多数英文书籍都聚焦于德军精锐部队,缺乏对普通步兵的关注,而德文资料中有关1944—1945年间的西线战斗记录则寥寥无几。

美国陆军外军研究所

Fieger, Georg. *The 989th Grenadier Regiment, 14–17 December 1944* (B-025).

Hechler, Lucian. *The Germans Opposite XIX Corps* (R-21).

Keil, Günther. *Grenadier Regiment 919, Kampfgruppe Keil* (C-018).

Keil, Günther. *Infantry Regiment 1058 and Kampfgruppe Keil* (B-844).

Lange, Wolfgang. *183. Volksgrenadier Division Sept 1944–25 Jan 1945* (B-753).

Macholz, Siegfried. *49. Infanterie Division* (B-792).

Mauer, E. *243rd Infantry Division Operations against American Army Troops 5 June to 30 June 1944* (D-382).

Schlieben, Karl-Wilhelm. *709th Infantry Division, Dec 1943–30 Jun 1944* (B-845).

Viebig, Wilhelm. *Commitment of the 277th Volksgrenadier Division, November and December 1944* (B-273).

美国政府报告

Drea, Edward (1983). *Unit Reconstitution: A Historical Perspective*. US Army Combat Studies Institute: December 1983.

Gorman, Paul (1992). *The Secret of Future Victories*. Institute for Defense Analyses: February 1992.

Stockfisch, J.A. (1975). *Models, Data, and War: A Critique of the Study of Conventional Forces*. Rand Corporation: March 1975.

Wainstein, Leonard (1986). *The Relationship of Battle Damage to Unit Combat Performance*. Institute for Defense Analyses: April 1986.

Wainstein, Leonard (1973). *Rates of Advance in Infantry Division Attacks in the Normandy Campaign–Northern France and Siegfried Line Campaigns*. Institute for Defense Analyses: December 1973.

Wainstein, Leonard (1973). *Some Allied and German Casualty Rates in the European Theater of Operations*. Institute for Defense Analyses: December 1973.

Breaching the Siegfried Line: XIX Corps, US Army 2 October 1944. US Army: 1945.

Handbook on German Military Forces 1945 TM-E 30-451. US War Department: March 15, 1945, reprinted by Louisiana State University Press: 1990. *Operational Data for Selected Field Artillery Units during World War II and the Korean War*. Stanford Research Institute: June 1954.

Organization, Equipment and Tactical Employment of the Infantry Divisions. General Board, USFET: 1945.

Personnel Attrition Rates in Historical Land Combat Operations: An Annotated Bibliography. US Army Concepts Analysis Agency: June 1993.

The Value of Field Fortifications in Modern Warfare, Vol. 1. Defense Nuclear Agency: December 1979.

书籍和论文

Andrew, Stephen (2011). *German Army Grenadier 1944–45*. Glasgow: Landser.

Balkoski, Joseph (2005). *Utah Beach: The Amphibious Landing and Airborne Operations on D-Day, June 6, 1944*. Mechanicsburg, PA: Stackpole.

Bellanger, Yves (2002). *US Army Infantry Divisions 1943–45: Volume 1 – Organization, Doctrine and Equipment*. Solihull: Helion.

Bonn, Keith (1994). *When the Odds were Even: The Vosges Mountains Campaign, October 1944–January 1945*. Novato, CA: Presidio.

Bradley, Omar (1951). *A Soldier's Story*. New York, NY: Henry Holt.

Brown, John Sloan (1985). "Colonel Trevor N. Dupuy and the Myths of Wehrmacht Superiority: A Reconsideration," *Military Affairs*, January 1985: 16–20.

Castillo, Jasen (2014). *Endurance and War: The National Sources of Military*

Cohesion. Stanford, CA: Stanford University Press.

Cavanagh, William (2004). *The Battle East of Elsenborn & The Twin Villages*. Barnsley: Pen & Sword.

Comparato, Frank (1965). *Age of Great Guns*. Harrisburg, PA: Stackpole.

van Creveld, Martin (1982). *Fighting Power: German and US Army Performance 1939–1945*. Westport, CT: Greenwood.

Doubler, Michael (1994). *Closing with the Enemy: How GIs Fought the War in Europe 1944–45*. Lawrence, KS: University Press of Kansas.

Dunn, Walter (2012). "German Bodenstandig Divisions," in Sanders Marble, ed., *Scraping the Barrel: The Military Use of Substandard Manpower 1860–1960*. New York, NY: Fordham University Press.

Dunn, Walter, Jr. (2003). *Heroes or Traitors?: The German Replacement Army, the July Plot, and Adolf Hitler*. Westport, CT: Praeger.

Dupuy, Trevor (1979). *Numbers, Predictions & War*. London: Macdonald and Jane's.

Gross, Manfred (2008). *Westwällkampfe – Die Angriffe der Amerikaner 1944/45 zwischen Ormont und Geilenkirchen*. Aachen: Helios.

Hewitt, Robert (1946). *Work Horse of the Western Front: The Story of the 30th Infantry Division*. Washington, DC: Infantry Journal Press.

Jordan, Kelly (2002). "Right for the Wrong Reason: S.L.A. Marshall and the Ratio of Fire in Korea," *Journal of Military History*, January 2002: 135–62.

Lauer, Walter (1985). *Battle Babies: The Story of the 99th Infantry Division in World War II*. Nashville, TN: Battery Press.

Mansoor, Peter (1999). *The GI Offensive in Europe: The Triumph of American Infantry Divisions, 1941–45*. Lawrence, KS: University Press of Kansas.

Marshall, S.L.A. (1947). *Men against Fire: The Problem of Battle Command*. Gloucester, MA: Peter Smith.

Rush, Robert (2001). *Hell in Hürtgen Forest: The Ordeal and Triumph of an American Infantry Regiment*. Lawrence, KS: University Press of Kansas.

Rusiecki, Stephen (1996). *The Key to the Bulge: The Battle for Losheimergraben*. Westport, CT: Praeger.

Shils, Edward & Morris Janowitz (1948). "Cohesion and Disintegration in the Wehrmacht in World War II," *Public Opinion Quarterly*, Summer 1948: 284.

Tholte, Karl (1945). "A German Reflects Upon Artillery," *Field Artillery Journal*, December 1945: 709–15.

Wijers, Hans (2009). *The Battle of the Bulge: Vol.1, The Losheim Gap/Holding the Line*. Mechanicsburg, PA: Stackpole.